最短で老後資金をつくる
確定拠出年金こうすればいい

中桐啓貴

JN171012

青春新書
INTELLIGENCE

まえがき

もう、老後のお金で悩まない！

突然ですが、まず3つの計算をしてみましょう。

月々2万円を20年間、たんす貯金すると480万円貯まります。これを年利7％で積み立てると同じ期間で1041万円。たんす預金のざっと2・2倍になります。

月々5万円を30年間、たんす貯金すると1800万円貯まります。これを年利7％で積み立てると6100万円。ざっと3・4倍です。

月々5万円を35年間、たんす貯金すると2100万円貯まります。これを年利7％で積み立てると9000万円。なんと、4・3倍にもなるのです。

「その計算、本当に合ってるの？」と思われるかもしれませんが、これは本当です。

35年というのは住宅ローンの最長期間と同じ。読者の中には今、住宅ローンを一生懸命返しているところだという人も多いでしょう。住宅ローンで4000万円を35年間固定金利2%で借りたとすると、返済額は月々13万円強。

なのにそれと同じ期間、月々5万円積み立てたら、なんと9000万円が貯まるというのです。金利というのは、とてつもない力を持っていることがわかるでしょう。

「いやいやちょっと待て。このゼロ金利時代に、今どき利回り7%の金融資産なんてあるわけがないだろ」と突っ込んでいる人も多いのではないでしょうか。

しかしアメリカやヨーロッパでは、本書のテーマである確定拠出年金の元になった「401k」を使って利回り7%以上で運用し、より大きな富を得た人はたくさんいます。

第5章で詳しく説明しますが、世界の株式は短期では高騰や暴落を繰り返しているものの、20年以上の長期で見ればどの期間をとっても確実に年7%程度の成長をしています。

利回り7%といっても、一年で100万円が107万円になるだけなのに、20年で掛け金の2倍になるなんて信じられないと思う人がいるかもしれません。
これが積立投資の基本にある「複利」の威力なのです。

さらに、あとで詳しく紹介しますが、個人型確定拠出年金をやることには税制上のメリットがたくさんあり、それによって普通ではあり得ない有利な運用ができます。個人が安定した老後資産をつくれるよう、国が後押ししてくれているようなものです。

短期投資で失敗する人はたくさんいますが、長期投資で世界各地の株式に均等に投資すれば、投資の経験が少ない人でも難なく利回り7％で運用することができるのです。
それを誰でも簡単に実現できるのが日本版401k、「確定拠出年金」です。

個人型確定拠出年金の愛称が、「iDeCo（イデコ）」に決まりました。個人型確定拠出年金の英語表記「individual-type Defined Contribution pension plan」の単語の一部をとった愛称だそうです。

この愛称は今後、厚生労働省や関連団体が作成するポスターやチラシなどで活用されるほか、金融機関等の商品広報媒体、報道の機会に利用されるそうです。

個人型確定拠出年金制度が2001年にスタートして15年。なぜ今になって、愛称をつけたのかには理由があります。2017年1月より確定拠出年金制度が変わり、加入資格者の範囲がぐっと広がるからです。

そこでこれを機に、国をあげて制度の普及拡大に本腰を入れたというわけです。

想像してみてください。

現在あなたが30歳なら、毎月5万円の拠出を今すぐ始めれば、60歳になるときに6100万円を手にすることができるかもしれません。

そのころ、もし年金の支給額が今よりも減っていたとしても、それだけあれば安心です。住みたい土地に家を建てて悠々自適の暮らしをしてもいいですし、いろんなところへ旅行をしたり、美味しいものを食べたり、孫にお小遣いをあげたりして、豊かな老後を暮らせることでしょう。

あなたがまだ25歳なら、今すぐ始めれば60歳になるときには９０００万円を手にすることができるかもしれません。お子さん家族と一緒に住むための二世帯住宅を建ててあげてもいいかもしれませんし、不動産を運用するという選択肢も広がります。

お孫さんを海外の学校に留学させてあげられるかもしれませんし、ご自身が海外に移住することも考えられるでしょう。

いつか自分たちに介護が必要になっても、手厚い介護がある高級老人ホームに入り、ゆったりとおだやかな終末を迎えることができます。

なにより、確定拠出年金で自分年金づくりを始めておけば、年金の破たん懸念や超高齢化のニュースを見ても、「自分は将来、年金をもらえるだろうか」「下流老人になってしまわないだろうか」などと、日々不安に感じることが少なくなるはずです。

これからその背景や具体的なはじめ方、自分に合ったプラン選び、注意点などについて詳しく解説していきます。

年齢などその人の状況に関係なく、この制度を利用することのメリットがあまりにも大きいため、やらない理由が見つからないほどです。
本書でしっかりその内容を理解して、読者のみなさんの安定した老後資産づくりの一助となれば、著者としてこれ以上の喜びはありません。

ＦＰ法人ガイア株式会社代表取締役社長　中桐啓貴

最短で老後資金をつくる――確定拠出年金こうすればいい――目次

第1章 老後のお金はこんなに大変です！

第2章 個人型確定拠出年金ってどんなもの？

第3章 こんなにある！ 確定拠出年金のメリット

第6章 ファンドの選び方一つで運用実績は大きく変わる

第7章 やりかた次第で大きく差がつく「もらい方」

執筆協力▼嶺竜一（ハートノーツ）
本文デザイン・図版作成・DTP▼佐藤純（アスラン編集スタジオ）

第1章

老後のお金はこんなに大変です！

どうなる？　私たちの老後

みなさんは、「年金暮らし」という言葉に、どんなイメージを持たれるでしょうか。

その昔、「年金暮らし」という言葉にはどこかうらやましく感じるイメージがあったものです。仕事を引退して高額の退職金をもらい、老後の蓄えは十分にある。生活費より多くの年金が入ってきて、夫婦で悠々自適に暮らしている――。


なぜそれほどの余裕があったのかというと、昔は多くの企業の社員が企業年金（または厚生年金基金）に加入していたからです。公的年金（基礎年金＋厚生年金）と企業年金を足すと、40～50万円ほども収入があるご夫婦も少なくありませんでした。

夫婦で海外旅行に行ったり、高級レストランで食事をしたり、歌舞伎を見たり……。

「年金暮らし」という言葉には、そんな夫婦のイメージが、確かにありました。

しかし今、その言葉のイメージはずいぶん変わったのではないでしょうか。

一億総中流社会から格差社会へと、日本は大きく変化しました。会社の倒産やリストラ、介護、離婚、事故、病気など、何か一つ状況が変われば、貧困はすぐ自分にも降りかかってくる世の中です。

子どもたちを大学までいかせるのに精一杯で、たいした蓄えもない。退職金も期待できない。そんななか、年金の受給開始が５年遅くなり、その受給額も年々減っていく……。一方で、介護保険や医療費などの負担は増えるばかり。

なんとか食べていくだけで、ほとんど贅沢のできない質素な暮らし。決して多くはない貯金を切り崩してなんとかやっていく。そんな寂しい老後のイメージがちらつきます。

そもそも私たちは将来、いったいいくら年金がもらえるのでしょうか。以前は60歳から年金をもらえましたが、２０００年に65歳からに引き上げられました。つまり、現在43歳の私の場合は22年後。35歳の方は30年後。25歳の方は40年後のことです。そのときの年金受給額はいったいいくらになるのか、今のところ厚生労働省も政治家も答えてくれません。

少子高齢化で確実に年金は減り続ける…

日本の年金制度は、必要な財源を
その時々の保険料収入から用意する「賦課方式」

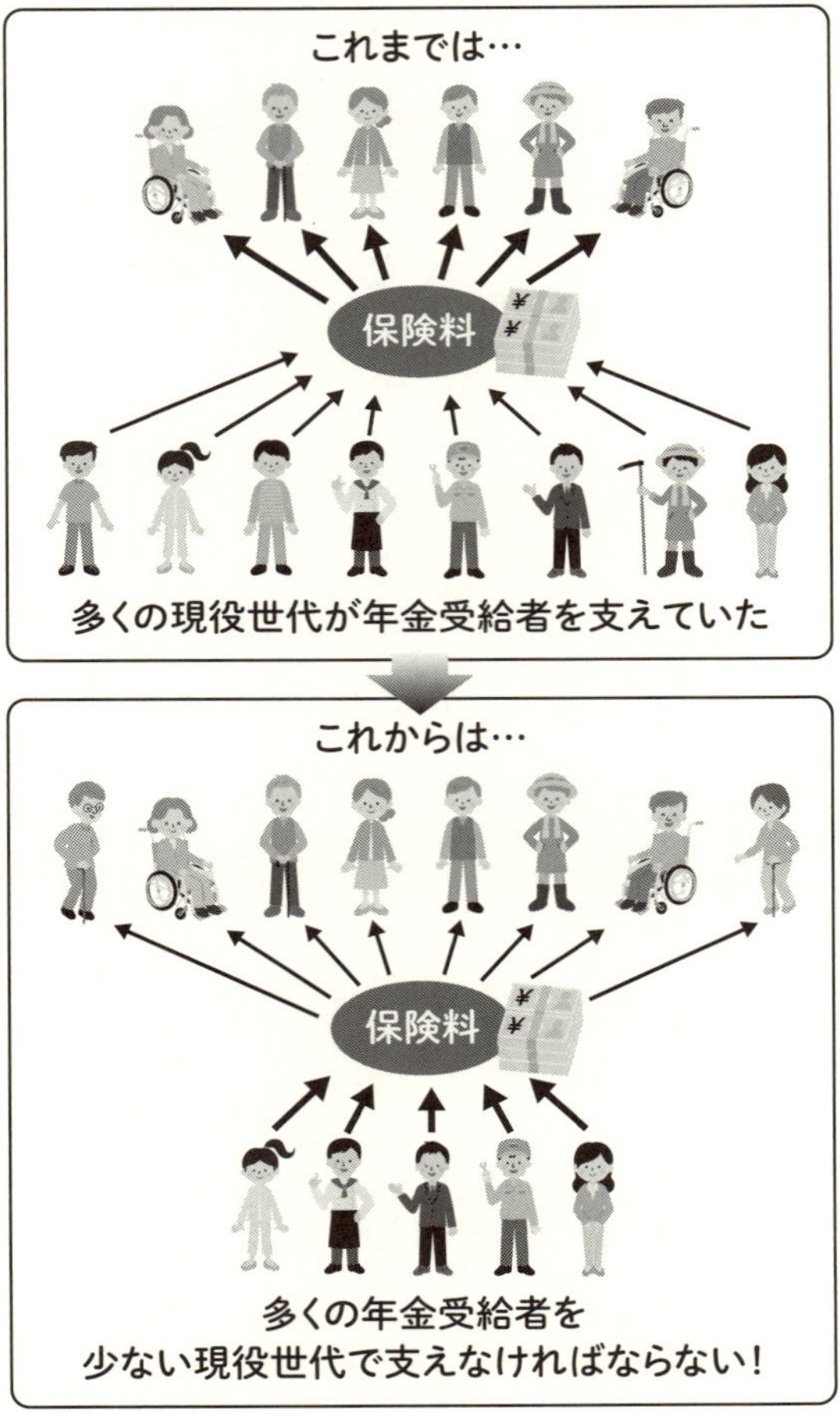
これまでは…
保険料
多くの現役世代が年金受給者を支えていた
これからは…
保険料
多くの年金受給者を
少ない現役世代で支えなければならない！

予想をするために、まず現在の年金受給者が、実際にいくら年金をもらっているのかを知っておきましょう。

ここに総務省が家計調査を元に出しているデータがあります。夫が65歳、妻が60歳以上の無職者世帯の収支です。

２０００年と２０１５年を比較してみましょう。

年間の公的年金給付額は２０００年に約２６８万６６０８円だったのですが、２０１５年には約２３３万１６２４円へ約36万円のダウン。月々では約22万４０００円から19万４０００円へ約３万円のダウンです。

一方、支出は確実に増えています。２０００年から介護保険料が徴収されるようになり、その金額は年々増額。２０１５年には年間７万８４０８円が徴収されています。

さらに健康保険料も年々少しずつ増額されているので、公的支出は年間９万３９００円、月々では７８００円のアップ。

増え続ける社会保険料負担

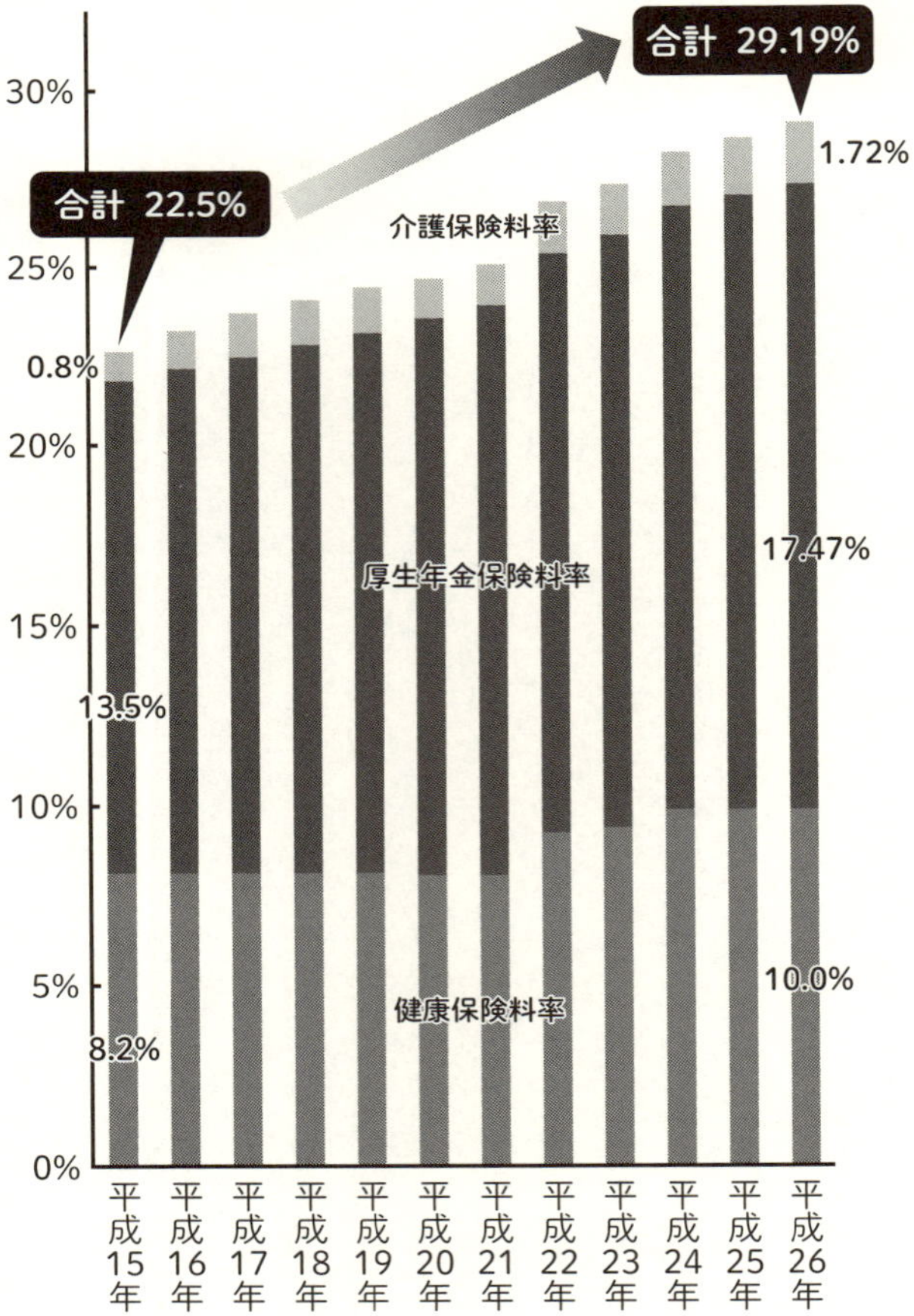

日本年金機構、全国健康保険協会サイトのデータより作成

つまり家庭における収支は、この15年間で月々3万８０００円近くも悪化しているのです。

月収が40万円くらいあればこのマイナスもなんとか許容できるかもしれませんが、22万４０００円から18万６０００円に下がるのはかなり厳しいでしょう。夫婦の収入が大卒初任給の手取りと同じレベルでは、相当切り詰めないと生活できません。

さらに医療費負担も増えています。２０１４年、70歳から74歳の高齢者の病院の窓口での医療費負担額が1割から2割に増額され、最新のニュースでは、さらなる負担増も検討されているようです。

高齢者世帯の収支を見ると、２０００年に月々の世帯収支がマイナス1万２７９３円だったのに対して、２０１５年の世帯収支はマイナス6万１２７６円へと膨らんでいます。年金が3万円減り、保険や医療の支出が増えているという数字がそのまま表れています。1年間でマイナス73万５０００円。仮に65歳から85歳までの20年間で見てみると、マイナス額の合計は１４７０万円！　かなりシビアな数字ではないでしょうか。

拡大している高齢者世帯の収支マイナス

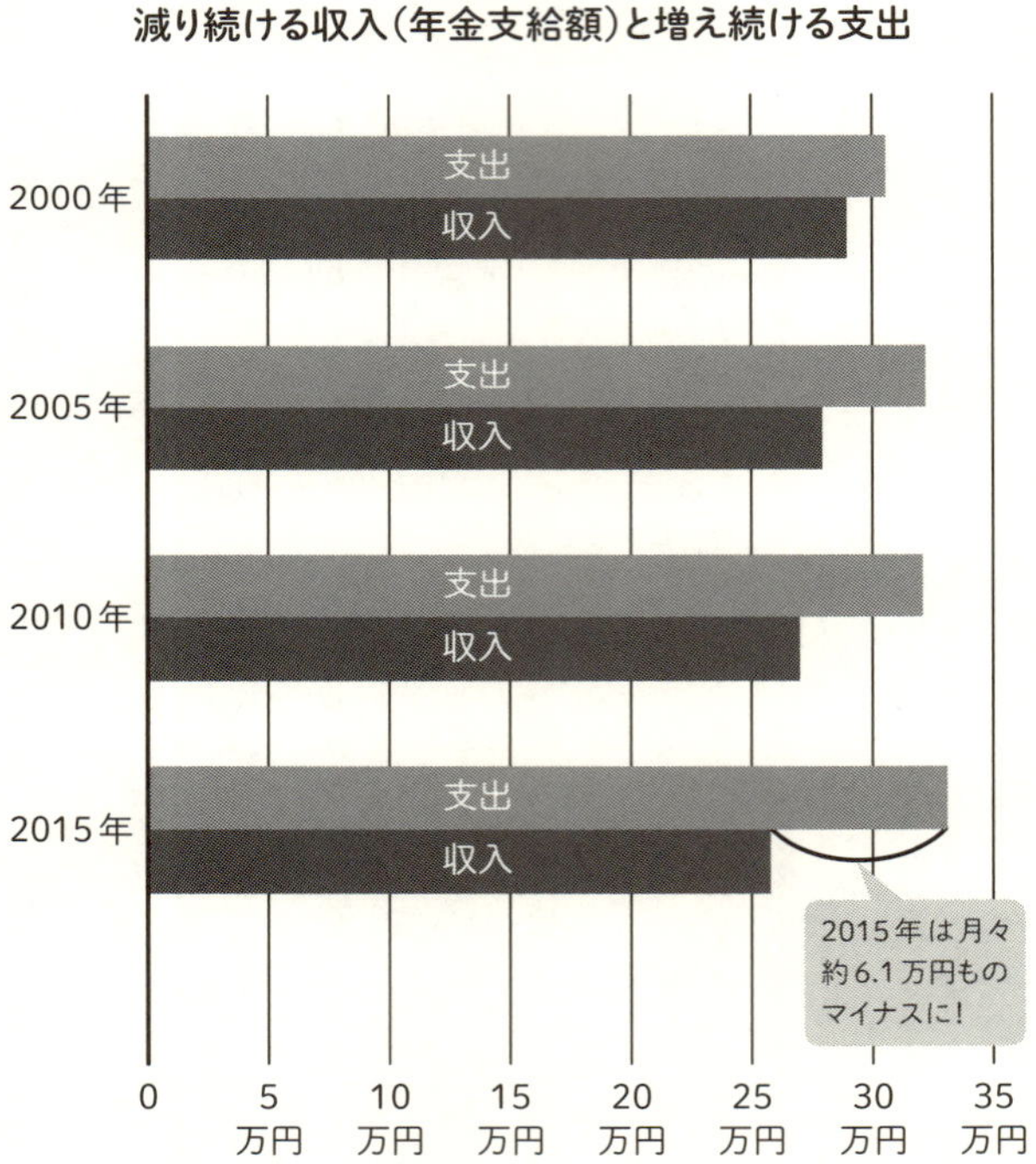

総務省統計局の家計調査を元に作成

日本の年金制度は、必要な財源をその時々の保険料収入から用意する「賦課方式」。現役世代が高齢者世代の生活を支える仕組みです。少子高齢化が進み、現役世代が減って、高齢者世代が増えているわけですから、年金納付額が上がり、年金受給額が下がるのは、仕方がないことだといえるでしょう。

つまり、これから高齢者になっていくわれわれは、年金以外に１５００万円の貯金がないと夫婦が20年間生きられないのです。しかも、頑張って１５００万円を貯めたとしても、「もっと長生きしたら？」「介護が必要になったら？」など、悩みは尽きません。

さらに恐るべきことには、これが現在の65歳の人の話だということです。

私たちが65歳になる20年後、30年後、40年後は、いったいどうなっているのでしょう。「年金制度が破たんして一切もらえなくなる」ということはさすがにありませんが、年金受給年齢のさらなる引き上げや、３万円、５万円の減額も想定せざるをえない状況です。はたして、15万円の収入で夫婦がまともな生活ができるでしょうか。

また、自営業やフリーランスなどの国民年金にしか加入していない方の平均年金受給額は、２０１４年度で月額5万４４９７円。夫婦合わせて約11万円です。この場合でも、介護保険や健康保険の支払いはありますので、リタイアしたくてもできないという状況になりかねません。それを避けるには、しっかりした蓄えが必要です。

現役時代は一生懸命働いたのに、引退したら死ぬまでお金の不安を抱えながら質素に生きていくだけ……。そんなセカンドライフで、本当にいいのでしょうか。

豊かな老後には3階建ての年金が必要

年金は3階建てといわれています。

1階部分は日本に住んでいる20歳以上60歳未満のすべての人が加入する「国民年金（基礎年金）」です。国民年金は65歳以上から死亡まで支給される終身年金です。

２階部分で一般的なのは、会社などに勤務している人が加入する「厚生年金」です。厚生年金も終身年金で、会社は社員を雇用する場合に厚生年金への加入を義務づけられており、会社勤めの人はほぼ２階建てになっています。厚生年金は会社と社員が折半で保険料を払っていくもので、社員の負担分は給与から天引きされます。

国民年金＋厚生年金の受給額の平均は、２０１４年度末で14万７５１３円です。厚生年金の計算は複雑ですが、基準額として、40年間満額で支払うと、国民年金に約９万１０００円がプラスして支給されます。

自営業の方にも２階部分として「国民年金基金」がありますが、加入者は年々減少しており、２０１５年度末の加入者は約43万人しかいません。

国民年金基金にも所得控除のメリットはありますが、掛金が厚生年金と違って全額自己負担で、負担に対するリターンが大きくないためでしょう。

こう見ると、自営業者に比べて会社勤めの人はずいぶん優遇されています。夫がこの平均金額をもらい、専業主婦の妻が国民年金をもらうと、夫婦の合計はおよそ20万円になります。

そして3階部分は、企業が独自の制度として運営している確定給付型企業年金や、主に業界団体が運営している厚生年金基金。これは大企業や業界団体が独自につくってきた年金制度で、これらをまとめて「企業年金」といいます。

これらの掛金の金額は企業や人によってまちまちですが、老後の生活に余裕が出るかどうかは、この3階部分が充実しているかどうかにかかっています。

豊かな老後を過ごすのに3階建ての年金が必要なのだとすれば、2階、3階部分を自分で増築するしかありません。個人型確定拠出年金は、その「自分年金」を積み立てるのに最もおすすめなのです。

次章からは、そのメリットや具体的なやり方について詳しく説明していきます。

第2章 個人型確定拠出年金ってどんなもの？

他の年金とは何が違うの？

確定拠出年金という言葉について、「聞いたことはあるけど、どんなものなのかはよくわからない」という人が多いのではないでしょうか。

まず、この年金がどういう性質のものなのかを説明しましょう。

第1章でも述べた通り、年金制度は「3階建て」になっています。1階、2階部分は公的年金を指していて、それに上乗せする3階部分が「確定給付年金」や「確定拠出年金」などの私的年金です。

◉1階部分——全国民共通の年金制度である「国民年金」
◉2階部分——会社員、公務員の年金制度である「厚生年金」
自営業の年金制度である「国民年金基金」
◉3階部分——会社独自の年金制度である「企業年金」など

加入できる人が大幅に増加

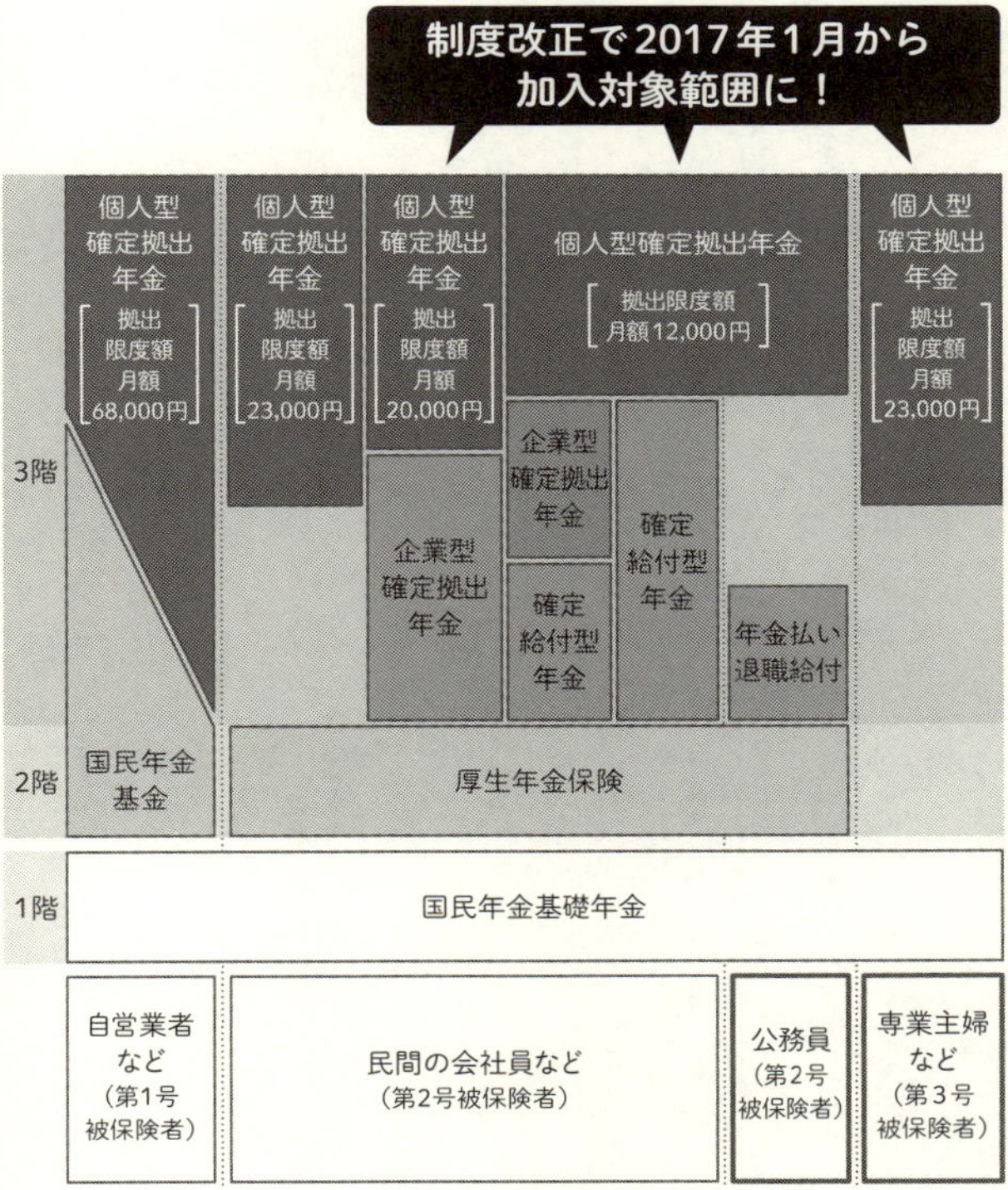

私的年金を大きく分けると、確定給付型と確定拠出型の2種類です。

確定給付型は将来の給付額を企業が保証しているため、あらかじめ給付額が決まっているものです。運用のリスクは企業が負うことになります。

一方の確定拠出型では将来の給付額は保証されておらず、拠出額とその運用実績によって決まります。給付額は運用実績によって変動し、その運用リスクは個人が負います。

将来の給付額は運用次第

確定拠出年金で将来の支給額が変動するのは、毎月積み立てるお金（拠出額）の運用先に、価格が変動する投資信託などの商品が含まれるためです。

その運用損益が給付額に反映されるので、最終的な給付額がいくらになるのかはわかりません。元本保証型の商品を選択すればその限りではありませんが、せっかく確定拠出年金をはじめるのであれば、多少リスクはあっても大きなリターンが期待できる金融商品での運用をおすすめします。

安全性をとるかリターンをとるか——運用商品の分類

元本保証型	定期預金	預け入れ時に金利が提示され、満期まで預けると所定の利息がつく
元本保証型	保険商品	損保が提供する「(積立)傷害保険」や、生保が提供する「利率保証型積立年金」などがある。満期まで預けると所定の利息がつくが、途中解約すると元本を下回る可能性も
リスク運用型	投資信託	投資家から集めたお金を、運用の専門家が株式や債券などに投資・運用する。運用成果は投資家それぞれの投資額に応じて分配されるが、元本を下回る可能性もある

投資対象は自分で選ぶ

確定拠出年金では、月々積み立てる掛金のうち、どの金融商品をどれくらい買うのかということを自分で指定します。

一つの商品に全額をかけるのもいいですし、複数の商品に分散投資するのも自由。その配分比率も自分で選べます。運用商品である投資信託の投資対象は国内株式、外国株式、国内債券、外国債券、国内ＲＥＩＴなど多岐にわたります。このような投資対象となる資産の種類や分類のことを、「資産クラス」といいます。

これらの資産クラスの組み合わせで将来の年金額が大きく変わるので、どれを選択し、組み合わせるかが非常に重要です。

しかし、どの資産クラスを選べばいいのかは難しい部分もあるため、「預金型」の商品だけを選んでいる方も多くいます。

「投資」と聞くと、「マイナスになるリスクもあるんじゃないか」と、不安に感じる方がいるかもしれません。

たしかにその通りで、マイナスになるリスクは〝ゼロ〟ではありません。しかし、月々数万円という同じ金額を20年以上かけ続けることを前提にした「積立投資」であれば、マイナスになるリスクは限りなく少なくなります。

また、出口戦略さえ間違えなければ、大きなリターンが得られる可能性が大きくなります。それは、歴史が証明しています。その点について気になる方は、第5章を先にお読みください。

もし、確定拠出年金に資産を大きく目減りさせてしまうような危険があるとしたら、企業がその制度を導入して社員に加入をすすめるでしょうか。また、国がそれを国民にすすめるでしょうか。

もしこの本を最後まで読んで、それでも「リスクがゼロではないから怖い」という方は、元本確保型の定期預金や積立年金保険を選択してください。それでも、税金控除など多くのメリットを受けられるので、やらないよりは確実にやったほうがいいです。

“企業型”はすでに581万人が加入

以前は多くの企業が採用していた確定給付型企業年金は、企業の経営状態が悪くなったり、運用の仕方がよくなかったりしたことで、近年は廃止する企業が増えています。

この確定給付型企業年金の代わりとして、企業は今、企業型確定拠出年金を導入しており、2016年8月時点で約581万人が加入しています。

日本の会社員（非正規も含む）の10人に1人が加入している計算で、その数は年々増加しています。

企業型確定拠出年金は基本的に企業が全額負担します。掛金の上限はほかに企業年金制度がない企業は合計で月5万5000円、ある場合は月2万7500円です。実際の企業型確定拠出年金の平均拠出額は1万4447円です。

また、社員が自費で掛金をプラスするマッチング拠出制度（掛金は企業の拠出額以下）もあります。

“個人型”の対象が大幅に拡大

一方、個人型確定拠出年金の加入者は年々増えてきてはいたものの、自営業者と会社員合わせて約28万人と、全体から見れば微々たるものでした（2016年9月末時点）。

国はこの個人型確定拠出年金の加入者数を増大させるべく、確定拠出年金法を改正しました。その内容を見てみましょう。

２０１７年1月から、個人型確定拠出年金の加入者範囲が拡大します。

これまで、個人型確定拠出年金を利用できるのは、国民年金保険料を納めている自営業者の方と、企業年金制度のない会社員だけでしたが、その加入資格が緩和されました。

大きな変更点は次の通りです。

①勤め先に確定給付型企業年金や企業型確定拠出年金がある人も、個人型確定拠出年金に加入できるようになった

②改正前は加入資格がなかった専業主婦や公務員にも、加入資格が認められることになった

つまり、基本的には20歳以上60歳未満のすべての人が、個人型確定拠出年金に加入できるようになったわけです。

※ただし、自営業の方（第1号被保険者）でも国民年金の保険料を免除（一部免除も含む）されている方や、農業者年金の被保険者の方は加入できません（保険料免除されている方でも障害基礎年金を受給している方などは除きます）。

ただし、その条件は同じではなく、企業の年金制度など諸条件によって掛金の上限額が

異なります。ここではどのように違うのか分類してみましょう。

①自営業者（第1号被保険者）↓最大月額6・8万円

自営業者の方の場合、今回の確定拠出年金法の改正による変化はありません。前述の通り、自営業者の方には厚生年金がなく、国民年金だけです。

そこで、足りない部分を補うものとして、「国民年金基金」と「個人型確定拠出年金」があります。自営業者は厚生年金や企業年金がない分、掛金の上限が最も大きくなっており、国民年金基金と個人型確定拠出年金を合わせて上限で月々6・8万円の年金をかけることができます。

国民年金基金に未加入の方は、個人型確定拠出年金を月々最大6・8万円まで拠出することができます。

②企業年金制度のない会社員↓最大月額2・3万円

企業年金制度のない会社員の方も、今回の確定拠出年金法の改正による変化はありません。会社員の方は厚生年金に加入しているため、40年間満額納付していれば、国民年金と厚生年金を合わせて月々約16万円が支給されます。

自営業者に比べて2階部分の受給額が大きいため、自営業者に比べて個人型確定拠出年金に拠出できる上限額は下がります。月額2・3万円を上限に、個人型確定拠出年金をかけることができます。

③専業主婦（国民年金の第3号被保険者）↓最大月額2・3万円

国民年金の加入者のうち、厚生年金、共済年金に加入している第2号被保険者に扶養されている20歳以上60歳未満の配偶者（年収１３０万円未満）を、専業主婦（国民年金の第3号被保険者）と定義しています。

今回の法改正で、個人型確定拠出年金へ上限月額2・3万円で加入できるようになりました。ただし、夫の扶養に入っている場合はすでに扶養控除を受けているため、企業型確定拠出年金で所得控除の効果は得られません。

④企業年金に加入している会社員➡最大月額1・2万円

確定給付型企業年金や厚生年金基金のある会社でそれらを利用している会社員は、これまで個人型確定拠出年金への加入はできませんでした。

しかし今回の法改正で、これらの人も加入できるようになりました。企業年金と企業型確定拠出年金の両方ある場合でも加入可能（ただし、会社の規定によるので年金担当者に確認してください）。上限は月額1・2万円です。

⑤企業型確定拠出年金に加入している会社員➡最大月額2万円

企業年金に加入しておらず、企業型確定拠出年金だけに加入している会社員も、追加で個人型確定拠出年金に加入できるようになりました（これも会社の規定によるので、年金担当者に確認してください）。上限は月額2万円です。

⑥公務員↓最大月額１・２万円

公務員は以前、厚生年金と同等の２階建て部分として共済年金がありましたが、２０１５年10月に、厚生年金に一元化されました。これが２階部分で、さらに「職域加算」という公務員独自の３階部分がありますが、企業年金に加入している会社員と同様に、上限月額１・２万円の個人型確定拠出年金に加入することができるようになりました。

このように、掛金の上限に違いがあるとはいえ、国民年金を納めている60歳未満のすべての国民が、個人型確定拠出年金に加入できるようになりました。

自分がどんな年金に加入しているのかわからないという会社員の方は、会社に確認してみてください。

特に会社員の場合、企業型確定拠出年金と組み合わせることで、大きな老後資産を築くための投資ができる可能性があります。

加入対象者判定チャート

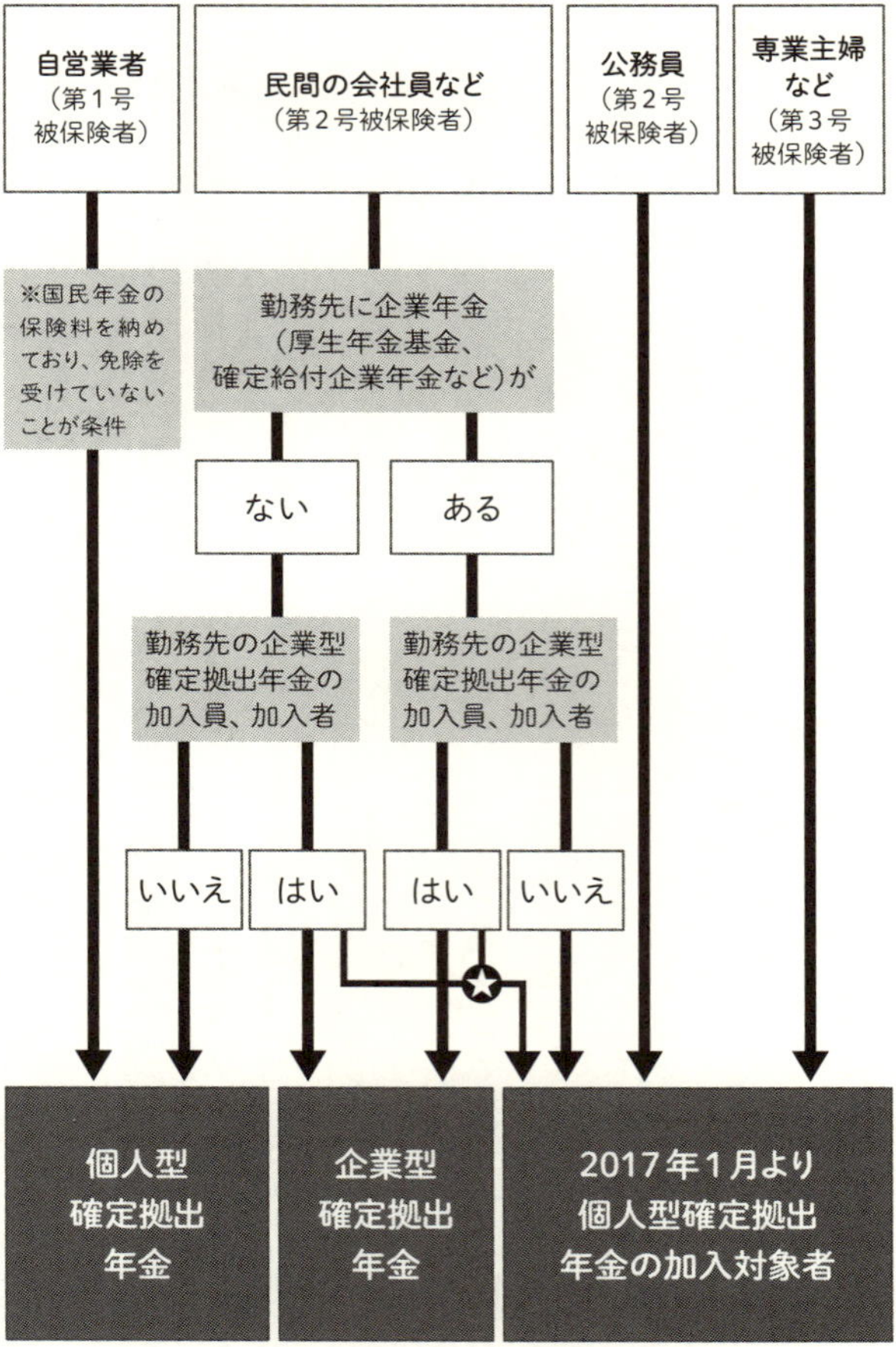

★適合する事業主掛金上限を企業型確定給付企業年金の規約に定めている場合

第3章　こんなにある！　確定拠出年金のメリット

国が〝自分年金〟づくりを強力に後押し

確定拠出年金には大きな節税メリットがあります。

本来は徴収できるはずの税金を国が免税するということは、税収を減らすことになるわけですが、それでも国がこの制度を推進する理由はなんでしょうか。

それは、日本国民みんなが安定した老後を送るには、既存の年金制度だけでは到底足りないことが明らかだからです。

足りない部分を補ってきた企業の退職金制度や企業年金制度も、多くの企業で維持するのが難しくなってきており、縮小や廃止も増えています。

このままいけば、高齢者の貧困問題は今後、どんどん大きくなっていくでしょう。国はこの、「日本人の老後」問題をなんとかしなくてはならないと考え、たどり着いた答えが、確定拠出年金なのです。

　ここまで国が税制面で後押しをするのには、この制度で高齢化社会における日本人の老後のさまざまな問題を解決しようという意図があるのです。

　これから詳しく解説しますが、毎月老後のためにお金を積み立てていくだけで大きな減税効果が得られる個人型確定拠出年金制度は、〝やらない理由が見つからない〟といえるほど、まぎれもなく国民にとって有利な制度です。

　国が身を削って国民の資産づくりを後押ししているようなものなので、この節税メリットだけでもやらなければ損です。

　ただし、これまで自営業者と企業年金制度のない会社員しか入れない制度だったこと、そして、対象者の多くがこの制度のメリットをほとんど知らなかったことから、２００１年の制度開始から15年もたっているにもかかわらず、加入者はわずか28万人程度にとどまっています（２０１６年９月末時点）。

国がここまでしてこの制度を推進する背景には、「国はもう全国民の老後の面倒を見ることができないので、自己責任で年金を自主的に運用して、自分で老後の資金を用意してください」というメッセージがあります。

もちろん、その対象が投資信託であることからリスクはゼロではありませんが、それが心配な方には、リスクがほとんどない代わりに資産の増加もあまり期待できない預金や保険の商品も用意されています。

税制面で大きなメリットが受けられる

確定拠出年金の税制面のメリットについて、詳しく検証していきましょう。

じつは、確定拠出年金には三つもの税制メリットがあるのです。わかりやすくするために、入口と出口に分けて考えてみましょう。

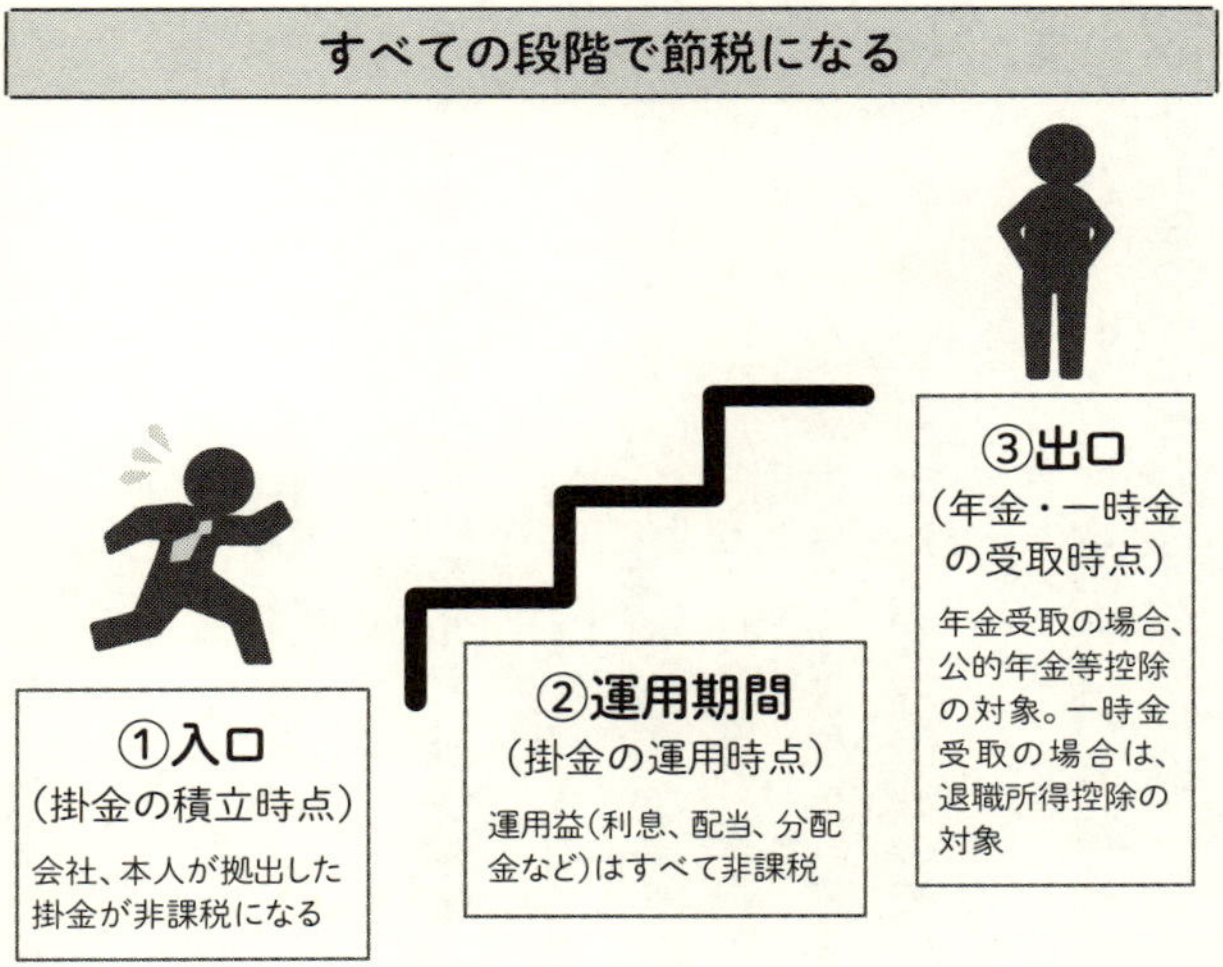
すべての段階で節税になる
③出口
（年金・一時金の受取時点）
年金受取の場合、公的年金等控除の対象。一時金受取の場合は、退職所得控除の対象
②運用期間
（掛金の運用時点）
運用益（利息、配当、分配金など）はすべて非課税
①入口
（掛金の積立時点）
会社、本人が拠出した掛金が非課税になる

①入口　　――掛金が全額所得控除される
②運用期間――運用益が全額非課税になる
③出口　　――「退職所得控除」「公的年金控除」の対象になる

この三つのメリットについて詳しく説明していきます。

［税制面のメリット1］入口――掛金が全額所得控除になる

確定拠出年金を始めてから最も実感しやすいメリットは、所得控除によるものでしょう。

個人型確定拠出年金では毎月決めた掛金を拠

出していきますが、この掛金が課税所得から控除されるのです。

たとえば課税対象となる所得が360万円ある人の場合、所得税が29・25万円（※1）、住民税が36・5万円（※2）、合計65・75万円の税金がかかります。

それに対して、確定拠出年金をしている人の税額はいくらになるでしょうか。

自営業者／国民年金の第1号被保険者の場合

自営業者の方で、掛金の上限額である6・8万円を拠出している人の場合、6・8万円×12カ月＝81・6万円分を課税所得から控除できます。

つまり、360万円あった課税対象の所得が、360万円－81・6万円＝278・4万円になり、そこから所得税と住民税を計算すると、所得税が11万円強の減税、住民税が8万円強の減税。合わせて19・3万円もの減税になります。

ちなみに、81・6万円の年間投資額で19・3万円のリターンを得られたと仮定すると、投資に対する年率リターンはなんと23・6％。相当なお得感です（税金は考慮していません）。

（※1）簡便化するため、復興特別所得税は考慮しない
（※2）都民を想定し、住民税均等割の合計を5000円で計算

所得税と住民税が大幅に減額される（自営業者の場合）

確定拠出年金なし

所得税　29.3万円
住民税　36.5万円

↓

毎月6.8万円拠出

所得税　18.1万円（11.2万円減）
住民税　28.3万円（8.2万円減）

＝

年間で約20万円もお得！

会社員／国民年金の第2号被保険者の場合

会社員の方が上限である毎月2・3万円を拠出している場合、2・3万円×12カ月＝27・6万円分を課税所得から控除できます。

つまり、360万円あった課税対象の所得が、360万円－27・6万円＝332・4万円になり、所得税が5・5万円減、住民税が2・8万円減で、年間8・3万円の減税になります。

27・6万円の年間投資金額で8・3万円のリターンを得られたと仮定すると、投資に対する年率リターンはなんと30・1％。すごい利回りですね。

毎月の掛金の上限額が大きいため自営業者のほうが金額のインパクトが大きいですが、節税手段が限られているサラリーマンの方にとっても、課税所得を小さくできるのは大きなメリットだといえるでしょう。

年間8・3万円を30年積み重ねれば約250万円。企業型確定拠出年金がある人の場合、

所得税と住民税が大幅に減額される（会社員の場合）

確定拠出年金なし

所得税　29.3万円
住民税　36.5万円

↓

毎月2.3万円拠出

所得税　23.7万円　5.6万円減
住民税　33.7万円　2.8万円減

＝

年間で約8.4万円もお得！

個人型の掛金上限は2万円になってしまいますが、企業型と個人型を組み合わせて有効活用できるでしょう。

拠出金が全額、所得税と住民税の控除対象になるというのは、とにかく大きなメリットです。所得税や住民税が軽減されるという点では、年金保険・養老保険・学資保険などに適用される生命保険料控除も同じですが、生命保険料控除は支払った保険料の一部しか所得控除されません。一方、確定拠出年金は全額所得控除になるのです。

［税制面のメリット2］運用期間――運用益が全額非課税になる

通常、預金の利息、株式の売却益や配当金、投資信託等の分配金に対しては、利益の約20％(※)が徴収されます。

しかし、個人型確定拠出年金で資産運用して得られた利益は課税の対象とされず、得られたリターンのすべてが再投資（新たな運用）に回ります。

（※正確には20.315％ですが、簡便化のため20％として計算）

個人型確定拠出年金は60歳になるまで原則的に途中解約することはできませんし、利息や分配金の受取もできません。運用期間中に得られる利息や分配金に税金はかからず、自動的に確定拠出年金の投資資金に回ります。次ページの図の通り、得られた利息や配当、値上がり益を再投資していくことで、複利効果を最大限に発揮し、資産を増やしていくことが可能になります。

特にこのメリットを感じるのが、商品の買い替えのときです。

確定拠出年金では、持っている金融商品から別の金融商品にいつでも買い替えることができます。たとえば、Aという投資信託を10年間買い続けて合計で１２０万円投資したとします。その時点での年齢が40歳で、評価額が2倍の２４０万円になっていたとすると、そこでA投資信託を売却して２４０万円を引き出すことはできませんが、その２４０万円で今度はBという投資信託を買ったり、元本保証型の定期預金に移すことができます。これを「スイッチング」といいます。

運用益に税金がかからない！

（毎月５万円を拠出し、年率４％で運用した場合）

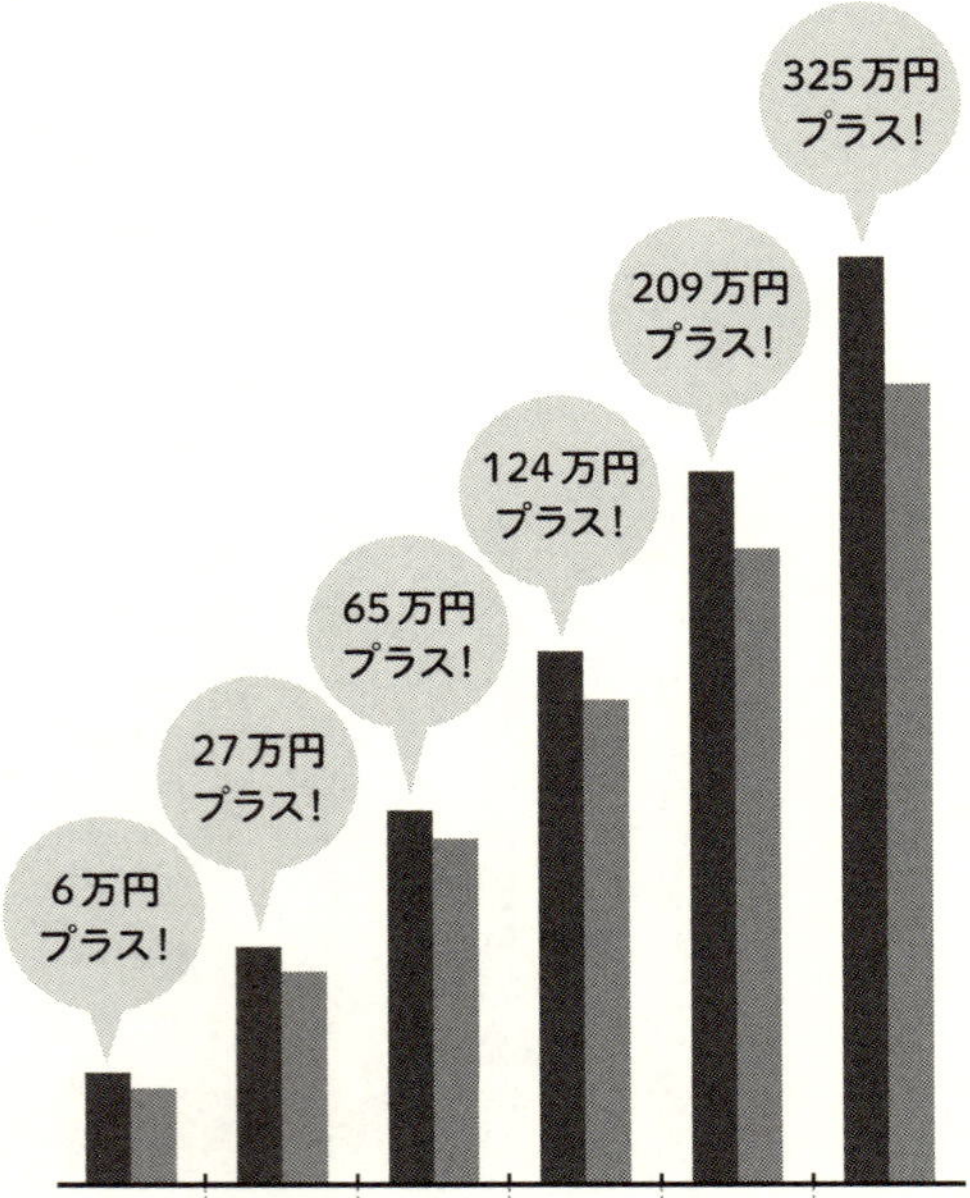

	5年	10年	15年	20年	25年	30年
個人型確定拠出年金で運用	**331万円**	**734万円**	**1223万円**	**1819万円**	**2544万円**	**3426万円**
一般的な資産運用（運用益に約20%が課税される）	325万円	707万円	1158万円	1695万円	2335万円	3101万円

（金額は概算）

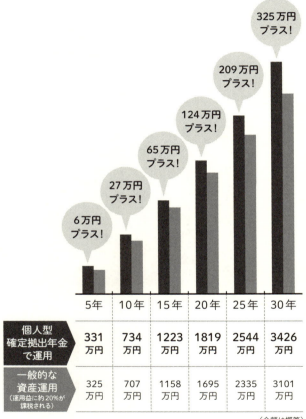

通常の投資信託の売買で考えれば、Ａ投資信託で１２０万円の売買差益を得たということですから、そこに20％の24万円が課税され、Ｂ投資信託を買うための資金は２１６万円になってしまいます。

それが、確定拠出年金で運用していれば非課税になるため、２４０万円をまるまるＢ投資信託の購入資金などにあてることができるわけです。

同じ投資信託を買い続けている場合はこのメリットを受けられませんが、このように商品の買い替えをする場合には大きなメリットが発揮されます。

45歳・年収600万円の自営業者Bさんの場合

毎月68,000円を
60歳までの15年間拠出

拠出時

年間の節税額 244,800 円

15 年間で合計 3,672,000 円の節税

運用時

運用利率 5 %の場合

通常は運用益に約20%課税されるが
確定拠出年金では非課税

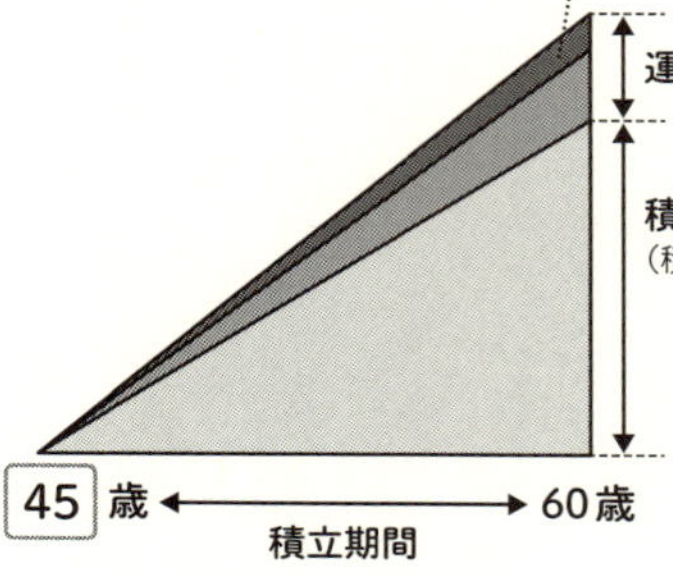

運用益 5,935,648 円
＋
積立元金（積立合計額） 12,240,000 円
＝
合計 18,175,648 円

※期待利回りは再投資された複利で計算し、手数料や税金は考慮していない

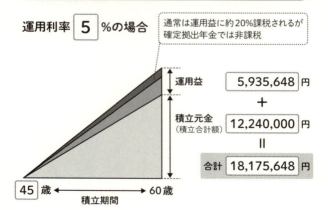

30歳・年収400万円のサラリーマンAさんの場合

毎月23,000円を
60歳までの30年間拠出

拠出時

年間の節税額 **82,800** 円

30 年間で合計 **2,484,000** 円の節税

運用時

運用利率 **5** %の場合

通常は運用益に約20%課税されるが
確定拠出年金では非課税

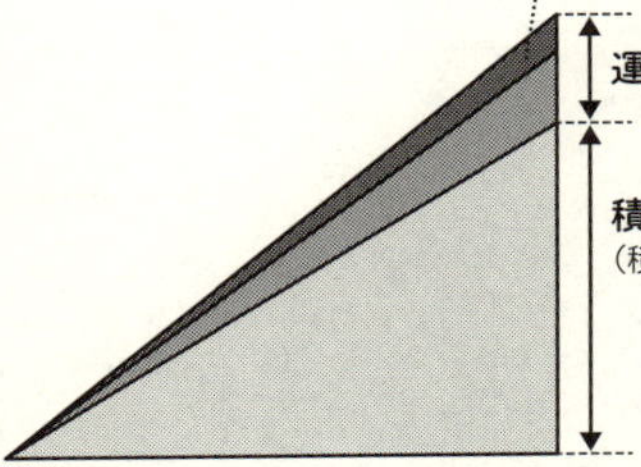

運用益 **10,861,949** 円

＋

積立元金（積立合計額） **8,280,000** 円

＝

合計 **19,141,949** 円

30 歳 ←積立期間→ 60歳

※期待利回りは再投資された複利で計算し、手数料や税金は考慮していない

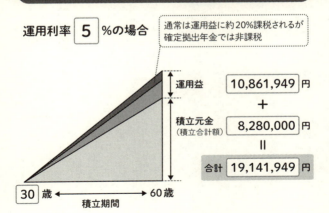

［税制面のメリット3］出口
――「公的年金控除」「退職所得控除」の対象になる

60歳をすぎてから確定拠出年金を受け取る際、基本的には課税対象になります。ただしそれぞれに、既存の枠組みの税金控除が活用できます。給付金の受取り方は、一時金として一括で受取るか、年金として分割して受取っていくかを選択できますが、それによって税金の種類が変わります。

一時金での受取りの場合は退職所得控除、年金での受取りの場合は公的年金等控除の適用となり、課税を抑えることができます。なるべく税金がかからずに受取れるよう、ここでそれぞれの控除について説明します。

一時金での受取りは退職金と同じ扱い

退職金は長年の勤労に対する報償的給与として一時に支払われるものであることなどから、

ほかの所得より税負担が軽くなるよう配慮されています。それが「退職所得控除」です。

もともと退職金のためにできた制度ですが、確定拠出年金を一時金として受取る場合は、退職金と併せて退職所得控除が適用されます。しかし、退職金と確定拠出年金を同じ年度に受け取ると、控除の上限を超えて税率が高くなってしまう可能性があるので注意が必要です。


まずは退職一時金にかかる税金の仕組みを確認しておきましょう。

課税対象となる退職所得金額は、その年に受取る退職一時金の額から退職所得控除額を引き算し、それに2分の1をかけた金額。この金額に対して所得税と住民税がかかります。

退職所得控除額のポイントは勤続年数。勤続年数が長ければ長いほど、控除額が増えます。実際の計算は、勤続20年以下は勤続年数×40万円。勤続20年以上は８００万円＋70万円×（勤続年数－20）という、少々ややこしい計算になります。

◉15年勤続した人であれば、40万円×15年＝600万円
◉20年勤続した人であれば、800万円＋70万円×0＝800万円
◉25年勤続した人であれば、800万円＋70万円×5＝1150万円
◉30年勤続した人であれば、800万円＋70万円×10＝1500万円
◉35年勤続した人であれば、800万円＋70万円×15＝1850万円
◉40年勤続した人であれば、800万円＋70万円×20＝2200万円

ここまでが、税控除対象になります。長年勤務すると退職金の額も大きくなるので、そのぶん控除も大きくなっていくというお得な制度です。

この上限金額に退職金と確定拠出年金の一時金を合算した金額が収まるのであれば税金はゼロですから、同時に受取りをするほうが望ましいでしょう。

退職金と確定拠出年金を合わせたら退職所得控除の上限を超えてしまう場合は、控除を

受けられる上限金額までを一時金で受取り、残りを年金方式で受取るというのも賢いやり方です。

すべて一時金で受取る際には注意が必要

落とし穴は、控除額を超えた金額をすべて一時金で受取る場合です。

ここでは、勤続30年で退職金のみを２０００万円受取った人の場合の税金を計算してみましょう。

- 退職所得控除：８００万円＋70万円×（30年－20年）＝１５００万円
- 退職所得金額：（２０００万円－１５００万円）×１／２＝２５０万円
- 所得税：15・25万円、住民税：25・5万円

課税対象額は、２５０万円になります。この２５０万円に対して、所得税と住民税が計算されます。

※所得税は簡便化のため復興特別所得税は考慮せず。住民税は均等割合計を5000円で計算

それぞれの税金の計算方法はここでは割愛しますが、所得税が15・25万円、住民税が25・5万円のあわせて40・75万円が二つの税金の合計になります。

同じ年に個人型確定拠出年金の資産500万円を一時金として受取ったとします。退職金に500万円がプラスされることになります。

- 退職所得控除：800万円＋70万円×(30年－20年)＝1500万円
- 退職所得金額：{(2000万円＋500万円)－1500万円}×1／2＝500万円
- 所得税：57・25万円、住民税：50・5万円

この場合、退職所得控除の上限を超えているため、一時金500万円はまるまる課税対象に入ってしまいます。課税対象額が500万円×2分の1＝250万円増えて、500万円になるということです。

この500万円に対して所得税と住民税が計算されます。その結果、所得税57・25万円、

※所得税は簡便化のため復興特別所得税は考慮せず。住民税は均等割合計を5000円で計算

住民税50・5万円となり、合計で107・75万円が、納めなくてはならない税金になります。

退職金のみの例と比べると、課税対象は250万円から500万円へと2倍になっただけなのに、税額は40・75万円から107・75万円と2・6倍以上に増えています。課税対象額が高くなると、税率が上がるためです。

退職金と一時金を受取る時期をずらす

では次に、退職金を受取る年と、確定拠出年金の一時金を受取る年をずらした場合を計算しましょう。退職金2000万円を60歳でもらった場合、先ほどと同じ計算になります。

［60歳時に退職金のみ受取り］

- 退職所得控除：800万円＋70万円×（30年－20年）＝1500万円
- 退職所得金額：（2000万円－1500万円）×1／2＝250万円
- 所得税：15・25万円、住民税：25・5万円

このときに確定拠出年金の一時金は一緒に受取らず、65歳で500万円を退職一時金で受取ったとします。退職所得控除は使えませんが、退職金の半分を退職所得とする優遇は使えるため、以下のようになります。

［65歳時に確定拠出年金を退職一時金で受取り］

・退職所得控除：なし（60歳時に使っているため※）
・退職所得金額：500×1／2＝250万円
・所得税：15・25万円、住民税：25・5万円

すると所得税が15・25万円、住民税が25・5万円、あわせて40・75万円が税金の合計になります。

60歳で退職金をもらったときに支払った税金と合計すると、81・5万円となり、同じ年に受取る場合の税額107・75万円より26万円も税額を減らすことができます。

※前年以前、14年以内に退職金を受け取っている場合、退職所得控除は加入期間が重複して年数を差し引かれて計算されるため、複数回にわたって控除を受けられるケースも

このように、控除額の上限を超えて一度に退職金と確定拠出年金の一時金を受取ってしまうと、支払う税金額が多くなってしまうことがあるのです。

一時金での受取を希望する場合には、会社からもらえる退職金とあわせて計算してみることを忘れないようにしましょう。

年金として分割して受取る場合

年金として受取る場合には、公的年金のように死亡までずっと給付される終身年金ではなく、有期年金での受取りになります。5年～20年の間で受け取り期間を設定し、1年間に何回受取るのかということも設定します。

運営機関によって設定できる範囲に違いがあるので、まずは自分の使っている運営機関の設定を確認しましょう。

年金として受取る場合、確定拠出年金で購入している金融商品をそのたびに売却しながら受取っていくことになります。つまり残っている資産の運用は継続されています。その場合、運用成績次第では、さらに資産が増える可能性もありますし、目減りしてしまう可能性もあります。

そうしたリスクを嫌い、もらえる金額を確定させたいのであれば、どこかのタイミングで元本確保型の商品に買い替えるといいでしょう。

年金として受け取る場合の注意点

年金として受取る場合、「雑所得」として所得税の課税対象となりますが、「公的年金等控除」の適用を受けることができます（ほかの公的年金や厚生年金基金と同様です）。

たとえば、65歳以上で公的年金を月に15万円、確定拠出年金の給付を月10万円受取る場合、年収は300万円ですから、所定の式※に当てはめてみると、

「300万円×100％－120万円＝180万円」

※国税庁ウェブサイト「公的年金等に係る雑所得の金額の計算方法」
http://www.nta.go.jp/taxanswer/shotoku/1600.htm

が課税所得となります。

所得が３００万円の場合の所得税額は20・25万円ですが、１８０万円だと所得税額は9万円。住民税は30万円が18万円と優遇を受けることができます。

［メリット］会社が倒産しても影響がない

企業年金や退職金を会社が準備してくれている場合、業績が著しく悪化したり、万が一会社が倒産した場合には、その金額が減額されたり、最悪のケースでは全くもらえないこともあります。

退職金や企業年金は老後の暮らしを支えてくれるものですから、これがもらえないと老後のライフプランに影響します。

しかし確定拠出年金に関しては、毎月振り込まれた掛金が即時、個人の資産としてきちんと保護されます。そのため、企業の業績悪化や倒産といった不測の事態にも安心なのは

運用状況はサイトでいつでもチェック可能

JIS&T
Japan Investor Solutions & Technologies

確定拠出年金
インターネットサービス

加入者認証

加入者口座番号　[　　　　　　　] （確認方法）
インターネットパスワード　[　　　　　　　]
（確認方法）
[ログイン] [クリア]
※操作をしない状態が8分以上続いた場合、再度パスワード入力が必要になります。
表パスワードの再発行をご希望の方はこちら→ [パスワード再発行]

老齢給付金を
お受け取りになる方へ
確定請求お手続きナビ

個人型確定拠出年金の
まるわかりサイト
個人型　確定拠出年金
ポータル

?　サービスのご案内
よくある
お問合せ
サービス内容と
ご利用時間帯
インターネット
サービスの
ご利用方法
動作環境
セキュリティ

（日本インベスター・ソリューション・アンド・テクノロジー株式会社）

大きなメリットです。

確定拠出年金では一人ひとりに個人口座が用意され、自身の財産が明確に管理されます。

個人口座のIDとパスワードが与えられ、いつでもウェブサイトを通じて残高のチェックができます。ネット証券の口座を一つ持つようなイメージです（その後のほとんどの手続きもサイト経由で行います）。また、年に1〜2回程度、運用状況レポートが送られてきます。

［メリット］転職先に持っていくことができる

確定拠出年金制度にはポータビリティ制度があります。

確定拠出年金に加入している会社員で転職される方や、独立して個人事業主になる方、退職して主婦になる方、個人事業主で個人確定拠出年金に加入しているが就職する方など、条件が変わる場合に、確定拠出年金制度を持ち運べる制度が用意されています。

(1)個人型確定拠出年金から企業型確定拠出年金へ

個人型確定拠出年金の加入者が企業型確定拠出年金のある企業に就職する場合、それまで運用してきた資産を企業型確定拠出年金に移管することができます。

また、それまで会社に企業型確定拠出年金がなかった会社が企業型確定拠出年金をはじめた場合、それまで個人型確定拠出年金に加入していた会社員は、個人型確定拠出年金の資産を企業型確定拠出年金に移管することもできます。

そのケースでは、移管の手続きは会社がやってくれます。入社した会社の担当者に個人型確定拠出年金に加入していたことを伝えれば、必要な手続きを指示してくれます。

なお2017年1月からは、会社員が企業型確定拠出年金のほかに個人型確定拠出年金に加入できるようになったので、企業型確定拠出年金と個人型確定拠出年金を併用して運用したい人は、その旨を会社側に伝えます。

企業型確定拠出年金の掛金は企業が拠出するため、拠出額は企業が決めますが、個人型確定拠出年金は掛金の上限の範囲で自分で決めます。

その会社がどのような年金制度を設けているかによって掛金の上限が変わってくるので、いずれにせよ会社の年金担当者に相談してください。

（2）企業型確定拠出年金から個人型確定拠出年金へ

企業型確定拠出年金の加入者が企業型確定拠出年金のない企業に転職したり、自営業者になる場合、新たに個人型確定拠出年金に加入し、企業型確定拠出年金から個人型確定拠出年金への移管が必要になります。

企業型確定拠出年金の加入資格が喪失されるので、退職する会社から運営管理機関に「加入者資格喪失届」が提出され、加入者には手続完了の通知が届きます。個人型確定拠出年金の金融機関への申し込みの際、その通知書も同封します。

（3）転職・退職時の企業年金から確定拠出年金へ

企業で確定給付年金に加入しており、転職する企業が企業型確定拠出年金をしている場合は、確定給付年金を一時金として現金で受取るのではなく、転職先の企業の企業型確定拠出年金に相当額を移管することができます。

同様に、退職して自営業者になるか主婦になる場合、新たに始める個人型確定拠出年金に確定給付年金の相当額を移管することができます。
ただし、確定給付年金に20年以上加入しているなどの理由によりすでに年金受給権がある場合は移管できません。

(4)退職を機に積立投資を止める

勤めていた会社で企業型確定拠出年金に加入していたが、退職や企業型確定拠出年金のない会社への転職を機に積立投資をやめたいという場合でも、60歳まで給付を受けることはできません。その場合、個人型確定拠出年金の管理金融機関に資産を移し、積立投資はしないで資産を買い替える権利を持つ、「運用指図者」になることができます。

ただし、運用指図者になるよりは、継続して掛金を拠出することをおすすめします。運用指図者になると新しい積立をしないので所得控除が受けられないうえ、毎月の口座維持費がかかるためです。

　これまでも、企業型確定拠出年金に入っていた人が、企業型確定拠出年金はないが厚生年金基金などほかの企業年金制度はある会社に転職した場合は個人型確定拠出年金に入れないため、仕方なく「運用指図者」になってしまうケースもありました。

　それが今後は、個人型確定拠出年金に入って積立投資が継続できるようになりました。これは法改正の大きなメリットです。

　これらの手続きには期限があり、（転職・離職による）加入資格喪失から6カ月以内です。期限をすぎると国民年金基金連合会へ自動移管され、運用がされないのに手数料だけとられてしまいます。就職、転職、退職などで確定拠出年金の加入条件が変わった場合は、すみやかに手続きを行うようにしましょう。

第4章

知っておきたい確定拠出年金のリスクとコスト

ここまで確定拠出年金のメリットを挙げてきましたが、リスクやコストもゼロではありません。まずは、リスクから順に説明していきましょう。

［リスク1］原則的に60歳までは解約できない

預金であれば、定期預金の場合は多少利息は下がっても解約できますし、一般の積立投資信託であればいつでも解約できます。

しかし、確定拠出年金制度は老後の資産形成のための制度であることから、原則60歳までは資金の引き出しを行うことができません。その縛りがあるがゆえに、さまざまな税制優遇措置が受けられる制度なのだと認識してください。

これをリスクととるかメリットととるかは人それぞれですが、私はメリットだと考えています。老後の資金は絶対に必要ですし、このあとの第5章で述べますが、確定拠出年金は運用期間が長ければ長いほど複利効果で資産を増やせるので、我慢して持ち続けていたほうが最終的にはお得だからです。

定期預金などは、何かイベントがあるとつい現金化して使ってしまいがちなので、「60歳まで使えない資金」というのはメリットだといえるでしょう。

ただし、人生には予期せぬイベントがやってくることがあります。お子さんが留学することになった、病気になった、転職で収入が減少してしまったなど、家計が苦しい状況になったとき、それまで通りの掛金を続けるのは厳しくなるかもしれません。

確定拠出年金では毎年４月から翌年３月の間で年１回、掛金の変更ができます。掛金の最低金額は５０００円で、上限金額まで１０００円単位で設定できるので、その際は掛金を下げて乗り切りましょう。

さらに、５０００円の拠出も厳しい場合には、いったん掛金の拠出を停止することができます。その場合は、資格喪失届を提出して運用指図者となり、運用の指図だけをすることは認められています。ただし、運用指図者となったあとに拠出を再開したい場合には、あらためて加入申出の手続きが必要です。

［リスク2］運用結果によっては損失が出る可能性がある

日本株でも外国株でも同様ですが、株式の価格変動リスクは非常に大きく、マイナスになる時期ももちろんあります。

ただしこのあとの第5章で述べますが、投資信託の積立投資は、長期では株価が右肩上がりで上昇するという事実と、ドルコスト平均法の効果により、出口を間違えさえしなければ、投資結果がマイナスになるリスクは少ないといっていいでしょう。

では、「出口の間違い」とは何でしょうか？　たとえば、ちょうど60歳になったときにリーマンショックのようなことが起きてしまい、投資信託の評価額がどん底に落ちたときに解約をしてしまうと、投資金額に対してマイナスになってしまう可能性があります。

リスク商品は何でもそうですが、どん底のときに売ることだけは避けなければなりません。しかし、その重みに耐えられなくなり、売ってしまう人も少なからずいます。株式の個別銘柄であれば、どん底だと思っていたものがさらに価格を落とし、さらには上場廃止になったり、倒産したりして、持っている株が紙クズになってしまうリスクがあります。それが恐ろしくて、損してでも売ってしまおうとする心理はわかります。

しかし、数十社から数百社に分散投資している投資信託の評価額が、短期間で半分、あるいは4分の1にまで下がってしまったとしても、全社がいっぺんに上場廃止になることはありえないので、投資信託が紙クズになることはまずありません。

また、一つの国の経済が長期停滞することはありますが、世界経済全体が長期停滞することはまずありません。それは歴史が証明しています。リーマンショックのような世界同時不況が起こっても、2年から5年あれば必ず回復しています。

また、投資先は株式だけでなく、債券やリート（REIT・不動産投資信託）などもあ

株価は必ず回復する

2001年ITバブル崩壊

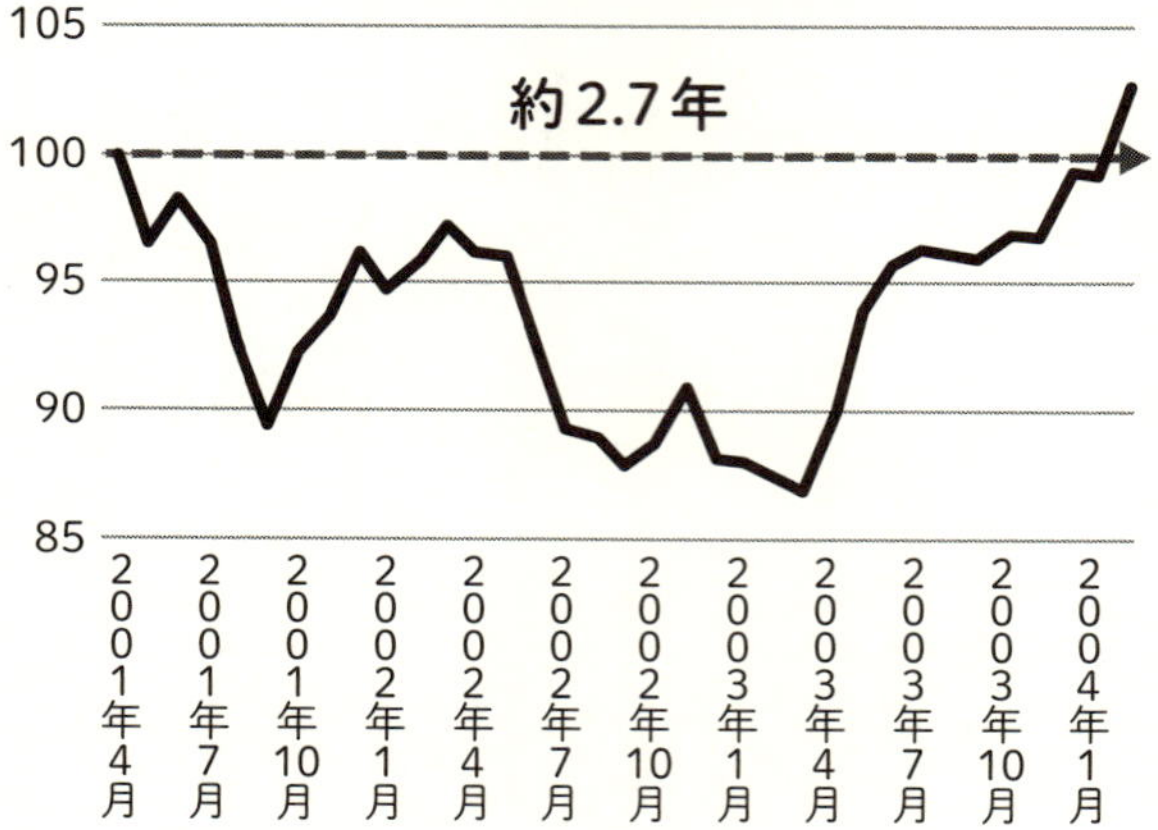

2007年サブプライム問題、リーマン・ショック

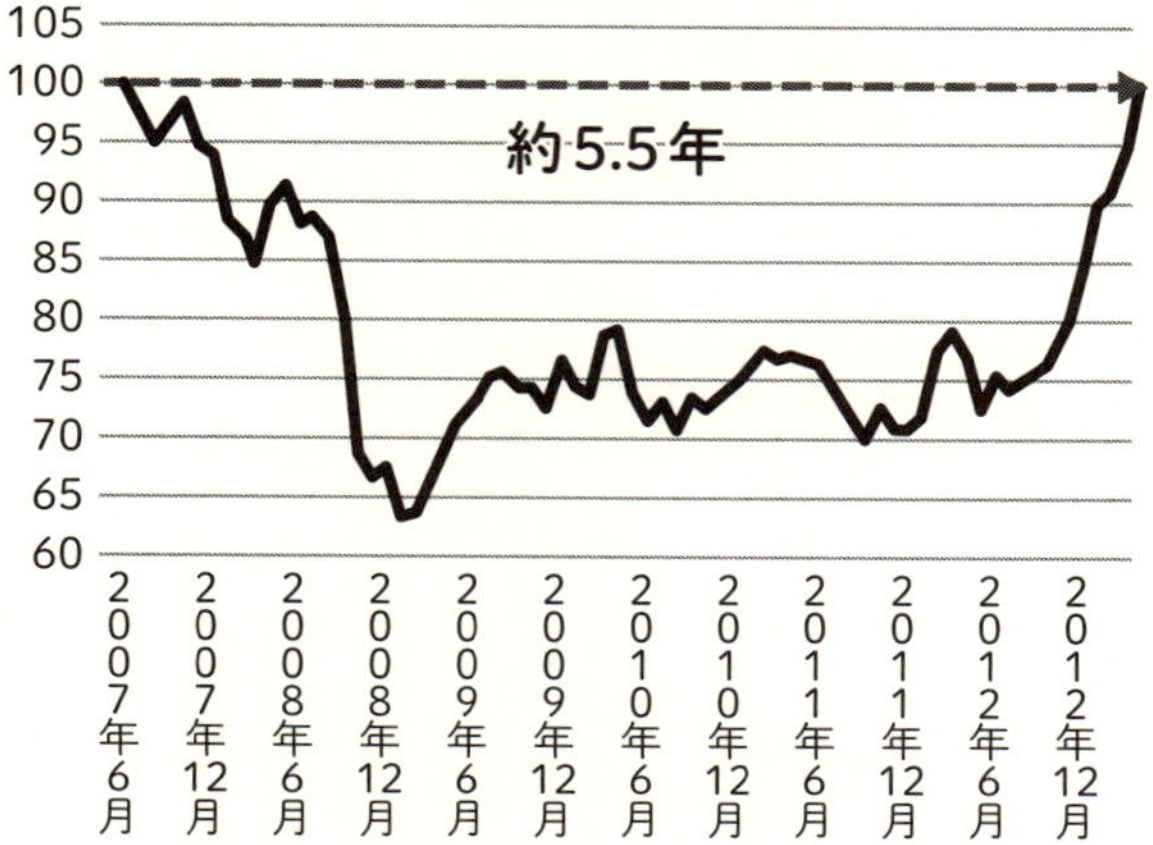

4分散ポートフォリオの推移、公表データより筆者作成

ります。これらの資産クラスも5～10年以上の投資期間があれば、元本を下回るというのは考えにくいですが、3年くらいの短期ではもちろんマイナスになることもあります。出口の間違いを避けるためには、損をするときには売らないことです。

確定拠出年金には60歳になってから10年間の猶予があります。60歳から掛金の拠出はできなくなりますが、69歳まで運用指図者として運用のみをしていくことができます。

もし60歳で株価が暴落して評価額がマイナスになっている場合は、解約せずに回復するまで持ち続けてください。そうすれば確実に大きな運用益が得られるはずです。

【コスト1】月に数百円程度の「口座管理手数料」が必要

口座管理手数料については、金融機関にかかわらず、必ず「国民年金基金連合会手数料」と「事務委託先金融機関手数料」のあわせて月々167円がかかります。

そのほかに、金融機関の手数料があります。これは月々数百円程度というケースが多く、三つの手数料を合わせると月々500円～600円程度になります。

ただしSBI証券では資産50万円以上で手数料無料、楽天証券では資産10万円以上で手数料無料です。スルガ銀行は資産に関係なく一律で月々167円かかるだけです。

【コスト2】投資信託には信託報酬がかかる

確定拠出年金を投資信託で運用する場合、運用会社に対して「信託報酬」を払う必要があります。信託報酬とは、投資信託を管理・運用をしてもらうための経費として、投資信託を保有している限り支払い続ける費用のことです。

信託報酬はファンドごとにパーセンテージで決められており、比較的安いもので0・2％台、高いものでは2％台とファンドによってかなりの開きがあります。第6章で解説しますが、この信託報酬は商品選定の際の重要なポイントの一つです。

第5章

投資信託で「利回り7%」が実現できる理由

20年で見ると世界の平均株価は必ず成長する

「まえがき」で私は、確定拠出年金に毎月5万円積立投資をし、それが年利7％で35年間運用されれば、複利効果で2100万円の投資総額に対して9000万円の給付金を得られる可能性があるとしました。

その計算が正しいとしても、年利7％という高い利率には疑問を持たれている方も多いと思います。しかし、世界の株価が平均7％の成長を続けているというのは、まぎれもない事実です。

私はその事実を、まずはみなさんにしっかり理解していただきたいと思っています。この投資はその理解から始まるからです。

そして、この投資法の素晴らしいところは、何が起こっても、何もしなくていいことです。世界の株価は7％の成長を続けている。その事実を理解していれば、あとは50歳を過ぎるころまでほったらかしでいいのです。こんな楽な投資はありません。

では、世界の経済の中心といえる、アメリカの歴史を見てみましょう。

次ページの図を見てください。これはニューヨークダウ平均株価の推移です。

NYダウ平均株価とは、アメリカのニューヨーク証券取引所に上場する企業のうち、ダウ・ジョーンズ社が選定した「優良株30銘柄」の平均株価指数です。1896年に12銘柄の平均株価として開発され、1928年に現在の形の30銘柄に変更されました。この30銘柄はほぼすべてが世界展開するグローバル企業であり、主力産業の変遷に合わせて、数年に一度銘柄変更が行われます。

このダウ平均株価は見ての通り、細かく上下を繰り返していますが、特に1980年以降、長期の視点で見ると大きく右肩上がりで成長しています。

そして1930年以降、ダウ平均株価はどの時点で買っても20年後には必ず上がってい

どの20年をとっても株価は上がり続けている

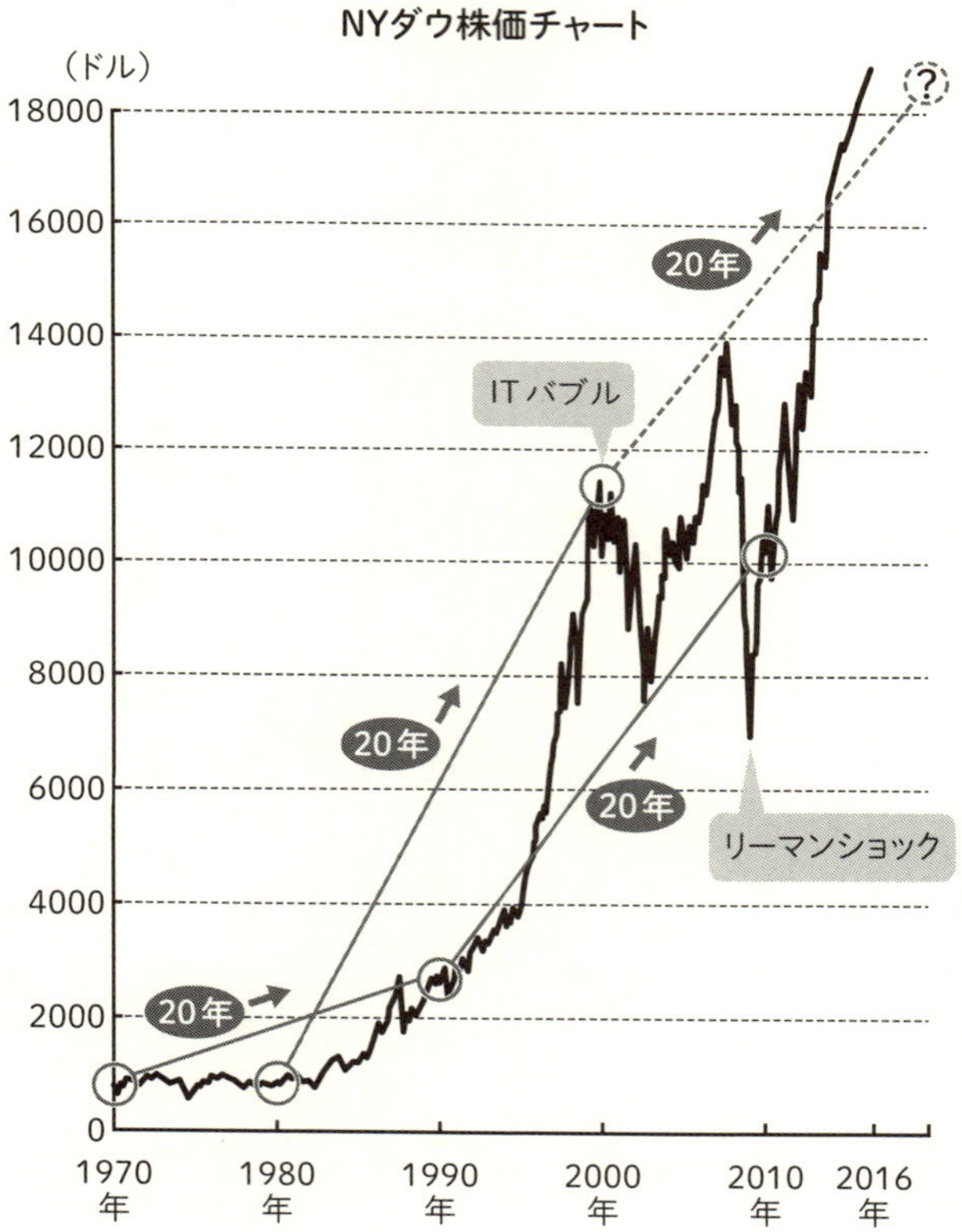

ます。

長い歴史を見れば、1929年のウォール街大暴落のあと、ダウ平均株価は低迷が続き、1954年まで暴落直前の最高値に25年間回復しなかったという過去があります。

しかしこの長期不況を乗り越えて以降、リーマンショックのような大きな暴落があっても数年で株価は回復し、およそ6年以内には暴落前を超えて最高値を更新しています。そしてどんなに暴落した時点でも、20年前と比べれば必ず株価は上がっているのです。

一般市民も続けるだけで億万長者に

たとえば史上最大規模の株価大暴落である1987年10月19日のブラックマンデーでは、ダウ平均株価は前週末の終値から22・6%下がって1738ドルの最安値をつけましたが、その20年前の1967年のダウ平均株価は、最高値で940ドル程度でした。

記憶に新しい2008年のリーマンショックでは、NYダウは高値1万1790ドルから翌2009年3月まで下げ続け、6469ドルの最安値をつけました。

しかし、その20年前の1989年のダウ平均株価は、最高値で2800ドル程度でしかありません。

ダウ平均の投資信託を20年間株を持ち続けた人が、もしもあのリーマンショックの底で売ってしまったとしても、2・3倍、年利4・3%程度にはなっているということです。

そしてその後、アメリカ経済はあっという間にV字回復し、2016年10月、現在のダウ平均は18000ドルを超えていますから、89年から株を持ち続けていれば、6・4倍になっているわけです。

ちなみに、今から35年前、1981年のダウ平均株価は875ドル。もしこのとき10万ドルをダウ平均株価に投資していれば、現在は200万ドルになっていたのです。

1981年~2016年の35年間のダウ平均株価の平均上昇率はなんと年9%。

では、その間、確定拠出年金を月々500ドルずつダウ平均の投資信託にかけていたら、35年間の掛金は、21万ドル。それが、147万ドルになります。

結局、世界の株式時価総額は増え続けている

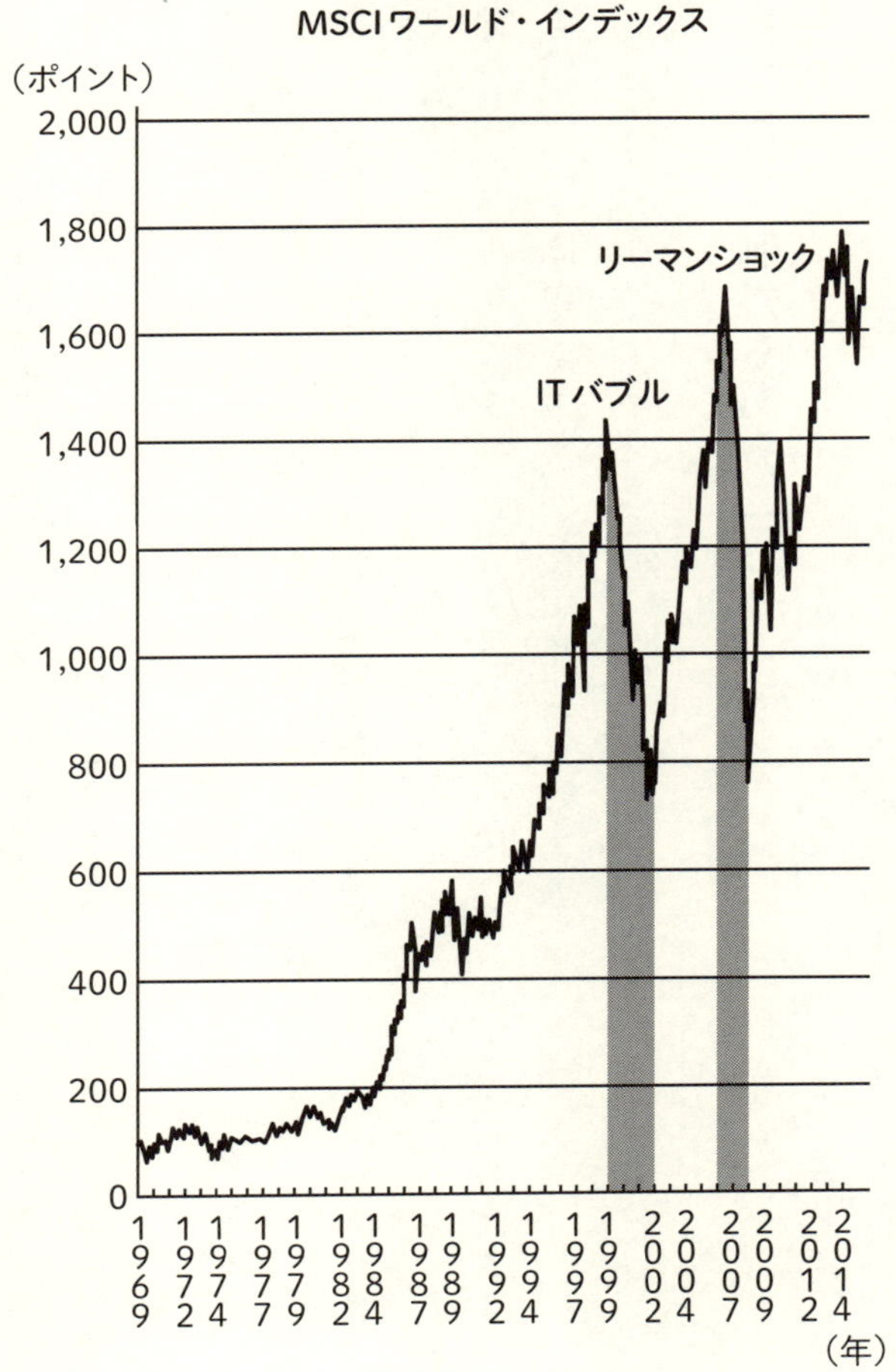

実際にアメリカで401kが始まったのは1980年。アメリカでは、確定拠出年金401kの毎月数万円の投資で、1億を優に超える資産をつくった人がたくさんいます。

これからもNYダウがこのペースで伸び続けるのかどうかは私にもわかりません。しかし、NYダウ平均だけでなく、世界の株価はヨーロッパ、アジア、東南アジア、中東、中南米、アフリカとどの株価指数を見ても、20年スパンで見れば、いくつかの例外を除いて、ほとんどが上昇しています。

基本線として右肩上がりに上昇していくなかで、何かイベントがあるたびに大きく値を落とすものの、必ず回復して下落前の株価を超えていく――。

こういうことを繰り返しているのです。

「日本」という例外もある

ここでみなさんにイメージしてもらいたいのが、「世界風船」です。

世界という大きな風船のなかに、米国、日本、中国、欧州などの各国や地域の株式市場の小さな風船が入っています。毎年、どこかの風船に空気が入ります。勢いよく大きくなる風船もあれば、あまり大きくならない風船、バブルが弾けたときの日本のように、穴があいてしぼんでしまう風船もあります。

でも、世界全体で見れば、空気が入って膨らんでいる風船のほうが多く、世界風船は少しずつ、少しずつ大きくなっているのです。

リーマンショックのように、あちこちで空気が抜けて、世界風船がしぼんでしまう年もあります。しかし数年でまた小さな風船の穴が塞がって膨らみだし、何事もなかったかのように世界風船はまた少しずつ大きくなるのです。

世界の株式の平均をとれば、株価は年に7%程度上昇しています。ですから、世界の株価指標に連動した投資信託に分散投資していれば、その程度のリターンは今後も期待できるといえるでしょう。

「世界風船」のイメージ

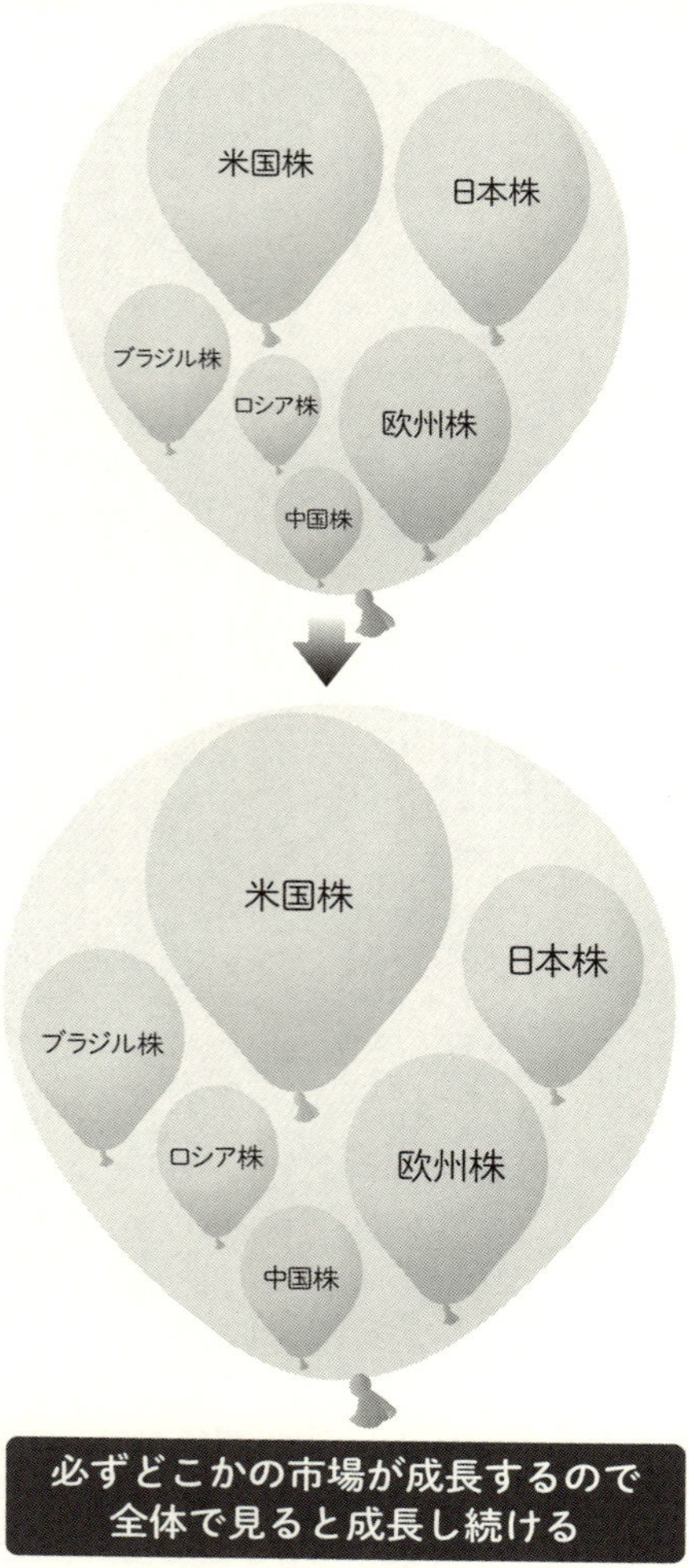
米国株
日本株
ブラジル株
ロシア株
欧州株
中国株
米国株
日本株
ブラジル株
ロシア株
欧州株
中国株
必ずどこかの市場が成長するので
全体で見ると成長し続ける

「世界の株価は、長期的に見れば右肩上がりに上がっていくものである」ということを頭に入れておいてください。「世界」というのがポイントです。

なぜなら、例外もあるからです。その一つが日経平均株価。１９８９年のバブルのピークでつけた日経平均株価３万８９５７円はその後25年経っても超えていませんし、今後もまだ当分は超えることができないでしょう。

世界に分散させた株価指数はどのインデックスを見ても、20年スパンで見ればほぼ右肩上がりで上がっているのに、日本だけはバブル崩壊以降、基本線が右肩下がり。

これは日本が長期間、デフレを続けてきたことに要因があります。

デフレの状況では企業は価格を引き上げられないため、売上げや収益が伸びません。そうなると賃金が上がらないので、家計は消費を抑えようとします。

そして、その消費を取り込むために企業はどんどん値段を下げます。企業や消費者はそ

日本株だけでは投資対象として不安…

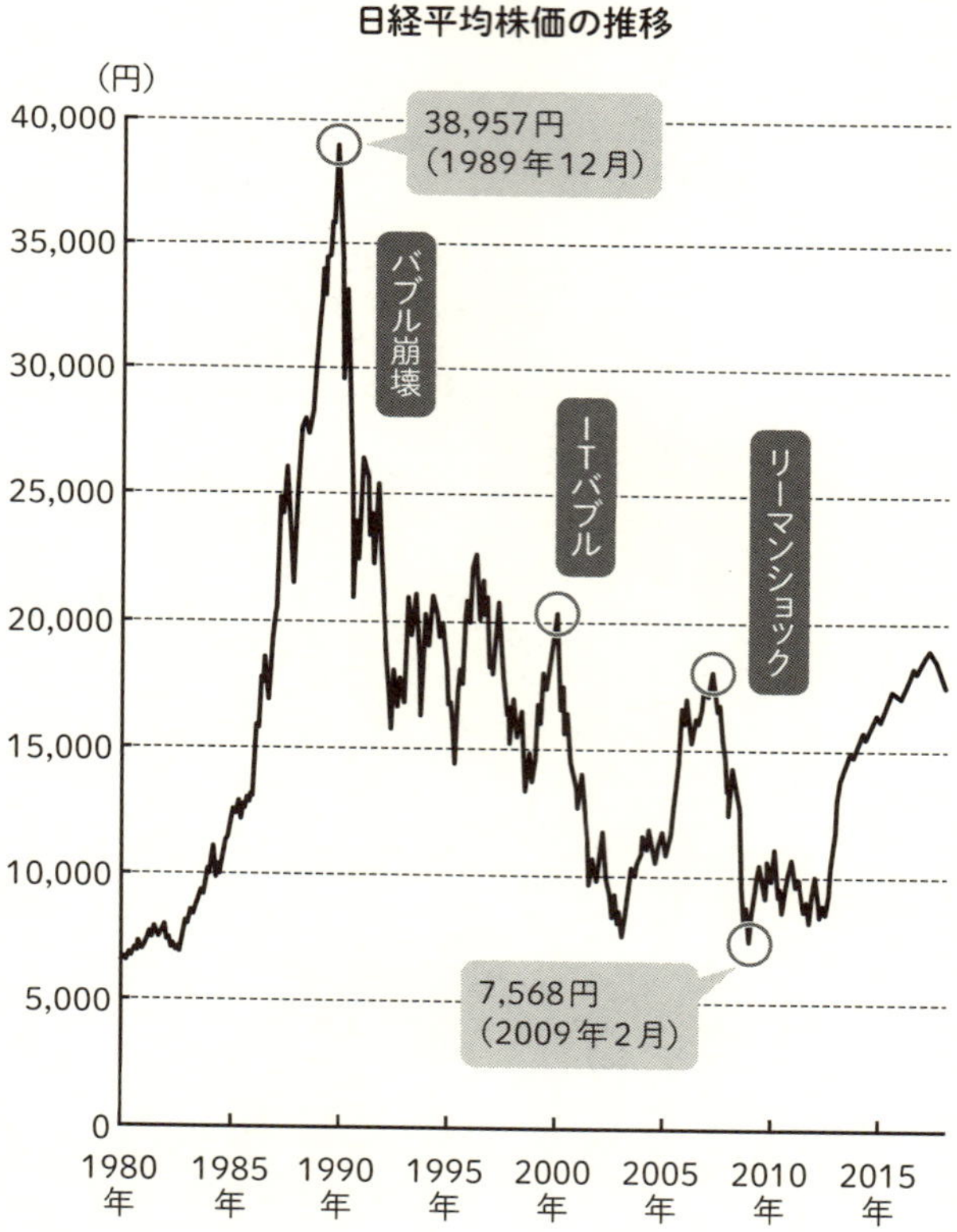

れぞれが正しい行動をとっているのですが、それによって経済が縮小していくという〝合成の誤謬〟が起きて、１９９７年から続いているデフレはなかなか解消されません。

インフレにすることができれば、デフレの縮小均衡から拡大均衡に転換し、企業が製品やサービスの値上げをできるようになります。それによって賃金も上がり、消費も増え、企業業績が伸びていき、株価が上がっていくのです。

暴落があるほどリターンは大きくなる

しかし日本は、バブルがはじけたあと、20年以上もデフレを放置してきました。そんな国は世界のどこにもありません。日本が特別であったということなのです。

２０１３年より日本も黒田東彦氏が日本銀行総裁になり、２％というインフレ目標を目指してお金を刷るように転換したので、適度なインフレが実現すれば、世界と同じように、20年スパンで見ればゆるやかな右肩上がりの成長をしていくものと思われます。

世界の株式時価総額の地域別シェア

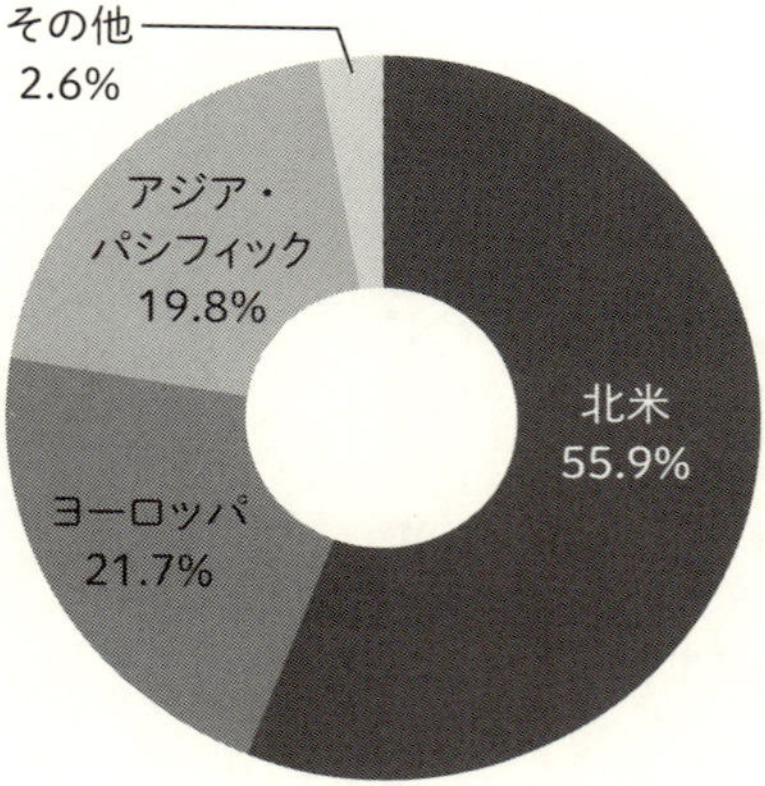

世界の株式時価総額の国別シェア

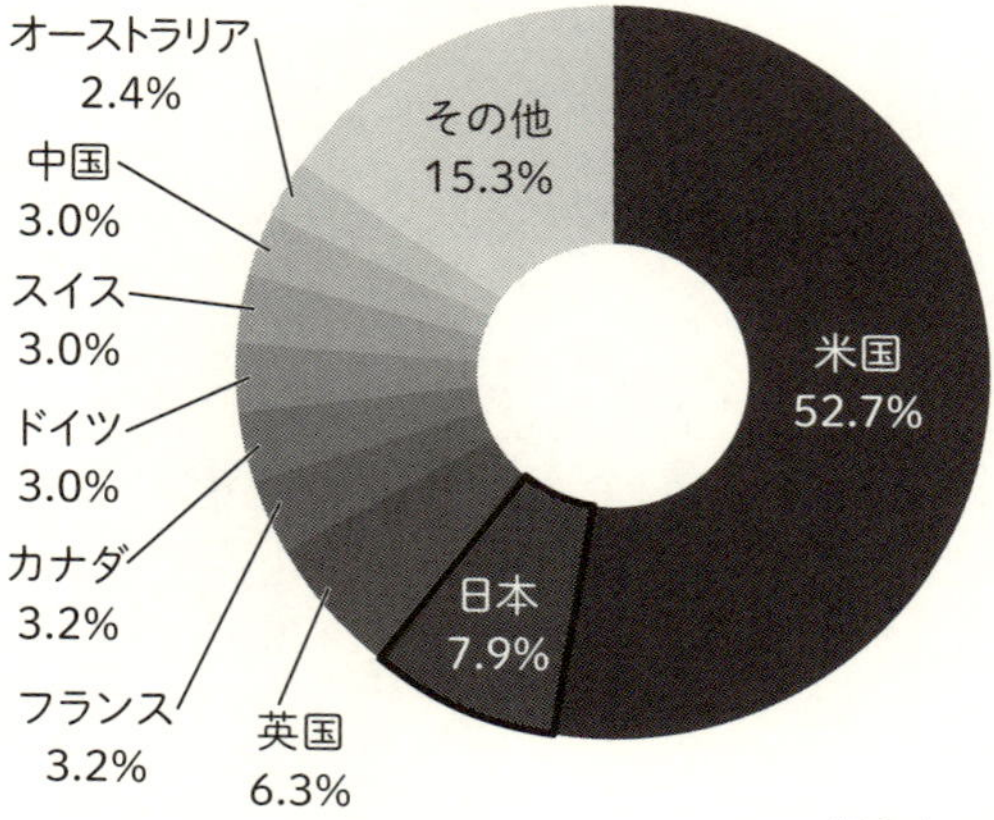

（公表データより筆者作成）

しかし、日本の多くの人は右肩下がりの日本のマーケットしか見ていないので、株価は基本的に右肩上がりに上昇していくものだという認識があまりないと思います。

ですから、長期保有のつもりで持っていた株でも、暴落してしまったときに、まるでこの世の終わりのような気持ちになり、「永遠に下がり続けるのではないか」と怖くなって、売ってしまう人が続出します。

リーマンショックのときも、株価が1カ月で30%も暴落したところで耐えられなくなり、売ってしまった人が多くいました。

確定拠出年金を運用している人でも、投資信託の評価額がリーマンショックで大幅に下落したところで怖くなり、元本保証型の商品に買い替えてマイナスを確定させてしまった人が大勢います。

後述しますが、積立投資をしている場合は、暴落があればあるほど後々になってリターンが大きくなるため、暴落時にやめるのは最もやってはいけないことなのです。

大暴落があっても数年で回復して前の相場を上回ることを知っていれば、暴落が始まって数カ月の下降中に売ることはありません。底をつけて上昇し、暴落前の金額を超えるまで静観します。

また、1929年の世界恐慌のときのように20年以上も待つ必要はありません。世界恐慌の再来といわれたリーマンショックでしたが、NYダウ平均株価はリーマンショック後およそ5年で回復し、それから最高値を更新し続け、その後40%ほども上昇しています。日経平均株価ですら、金融緩和をきっかけに6年でリーマンショック前の水準に回復したのです。

株式会社は必ず右肩上がりの成長を目指す

全世界の株価の平均、つまり先進国、アジア、新興国、世界のすべての株価を合わせて平均をとると、その上昇率は7%ほどになります。株価はなぜ、世界平均で年7%も上昇するのでしょうか?

それを理解するカギになるのが株式会社の仕組みです。それを簡単にご説明しましょう。

世界で最初の株式会社は、１６０２年に設立された商社「オランダ東インド株式会社」です。この時代のヨーロッパは大航海時代。15世紀にバスコ・ダ・ガマが喜望峰ルートを開拓し、インド、アジアへの航路が開かれ、コロンブスがアメリカ大陸に到達しました。探検家は世界で仕入れたものをヨーロッパに持ち帰り、巨利を得ます。特に東南アジア原産のコショウや香辛料は超高級品で、コショウの数をピンセットで一個一個数えたといわれるほど貴重なものでした。

ただしこの時代の航海はハイリスクで、難破や海賊、敵からの襲撃、疫病への感染などの危険が多く、当時、航海の成功率は20％以下。ですから航海に出る者は多くが仕事のない貧民でした。航海が成功すれば利益はみんなに配分されます。貧しい者たちが集まって探検家となり、命懸けで一攫千金の夢に挑んだのです。

ただし、航海に出るには船、食料、物資など、大きな費用が必要です。そこで探検家は出資者を求め、富豪たちがパトロンとなって出資をしました。この出資はハイリスクですが、成功すればパトロンも大きな利益が得られる魅力のある投資です。しかし大富豪でもない限り、一般的な金持ちには額が大きすぎます。

そこで、多くの金持ちから少しずつお金を集めて会社をつくる方法として考えられたのが、株式会社でした。たとえば20人の出資者が500万円ずつ出資して1億円の資本金をつくり、出資した人に証書として株券を発行したのです。

ここからが、なぜ株価が上がるのかという本題です。

なぜ会社は大きくなろうとするのか

オランダ東インド会社では、一回の航海で終わりではなく、次の航海、そして次の航海と航海を繰り返すことで継続的に利益を出し、安定的に、そしてより大きく儲けようと考えました。

そのため、「航海が成功したらみんなで山分け」ではなく、会社は船員に給料を支払い、探検家に役員報酬を払い、残った利益のうち一部を株主に出資比率ごとに配当金を出し、残りを会社に留保しました。

それにより、次の航海に使えるお金が増えました。より大きな船に乗ることができ、より多くの香辛料を仕入れてくることができます。ビジネスの元手が増えると、より大きな売上げが上がるのです。

それを繰り返して資金を増やすことによって、従業員の数を増やし、船の数を増やし、航海の回数も増やすことができます。そうして事業が成功すると、売上げに合わせて株主への配当金も大きくなっていきます。株主はより大きく儲かります。

つまり株主は、「儲かった」と今の利益を全部とってしまうのではなく、会社を大きくするために、会社のお金を増やすのです。

このお金を社内に蓄えることを、会計では「内部留保の増加」といいます。内部留保というと難しいですが、会社の金庫にあるお金が増えるということです。そしてここにひとつのサイクルができました。

航海↓香辛料獲得↓帰港↓一部を株主へ配当↓内部留保の増加↓設備投資、社員教育↓航海

これは、株式会社が複利の機能を持つようになった画期的な仕組みです。このサイクルを繰り返すことで永続的な組織ができはじめ、世界最初の株式会社である東インド会社は強大になっていくのです。

また株主にとっても、探検家が最初に出資したお金を使ってどんどん会社の金庫にあるお金を複利で増やしてくれるのですから、嬉しい限りです。この金庫にあるお金は株主のものだからです。

では、なぜ金庫にあるお金が増えると株主は嬉しいのでしょうか？　これを理解するには、どうやって株式の価格、価値が変動するかについて考える必要があります。

たとえば、10人が均等に100万円ずつ、この東インド会社に出資したとします。株式を10株発行したとすると、ひとり1株ずつ持つことになるので、1株の価値は100万円（1000万円÷10）です。

出資してもらった探検家は、この1000万円すべてを使って船や船員を揃えて航海に出ました。2年後、帰港した際に5000万円分の胡椒を持って帰ってきたとします。

経費に1000万円、探検家への報酬に1000万円かかったとすると、利益は3000万円です（5000万円－1000万円－1000万円）。

そうすると、東インド会社はこの胡椒を現金に換えて3000万円を金庫に入金します。

これはすべて株主のものですから、3000万円を10株で割ると1株の価値は300万円になり、最初の100万円が2年で200万円増えるわけです。

航海で儲けたお金が会社の金庫に入ると、その分自分の持っている株式の価値が上がるため、会社の金庫にあるお金が増えることは株主にとって嬉しいことなのです。

ですから、株式会社である限り、株主も経営者も、必ず「会社を大きくする」ことを目指します。出資者も経営者も、より儲けたいのだから当然です。「業績は横ばいを目指す」という株主はいません。

そして実際に、会社の業績が横ばいに推移していく会社はほとんどありません。会社は成長と拡大を目指して事業を行っていますから、計画通りに成功すれば上がり、失敗すれば業績は下がり、いずれ倒産してしまいます。

ここで覚えておいてほしいのは、「株式会社は必ず右肩上がりの成長を目指す」ということ。そして目指す通りにいけば、それにつられて株価は右肩上がりになるのです。

投資信託は最強の分散投資

株式会社は必ず右肩上がりの成長を目指します。そして目指す通りにいけば、それにつられて株価は上がっていきます。しかし、目指す通りにいかなければ、株価は下がっていきます。株を買うなどして企業に直接投資しようと思えば、企業の財務情報や業績をよく調べ、今後も成長していくのかどうか、自分で見極めなければなりません。

しかも、企業の株価の変動は会社の業績だけでなく、国内外の景気や経済、社会情勢、為替の影響を受けます。また、違法行為の発覚や内部告発、事故など想定外の理由で暴落することもあります。

株式投資は上手に運用すれば大きく資産を増やすことができるのが魅力ですが、リスクは大きく、多いのです。さまざまな資産運用があるなかで、個別株への直接投資はハイリスク・ハイリターン。ギャンブル性を持っているともいえるでしょう。

そのリスクを減らすために効果的なのが、「分散投資」です。資産をある商品に集中的に投資すると、その商品の価値が大きく下がったときに資産が大きく目減りしてしまいます。そうならないよう、資産を複数の商品に分散して投資するのです。

株式投資でいえば、一つの銘柄をたくさん買うのではなく、多数の銘柄を少しずつ買って運営する。株式投資のリスク管理の基本です。

しかしそれをするには、ある程度大きな資金が必要になります。現物株は買える最小単位が数十万円のものが多いので、たとえば10銘柄ぐらいに分散投資するためには、数百万円の資金が必要になります。

仮に国内企業10社に投資をしたとしても、分散投資として完全とはいえません。日本の景気の影響で日経平均株価が下がると、10社ともそれに影響されて株価が下がってしまう可能性があるからです。

そこで「分散投資」に便利なのが投資信託（ファンド）です。

「投資信託」（投信、ファンド）とは、小口のお金を多くの人から集め、運用のプロであるファンドマネージャーがみなさんに代わって運用するというものです。

投資信託を理解するには、「フォルダ」をイメージするのがいいでしょう。みなさんも、パソコン上では一つのテーマについてのファイルをフォルダにまとめると思います。

投資信託のお金の流れ

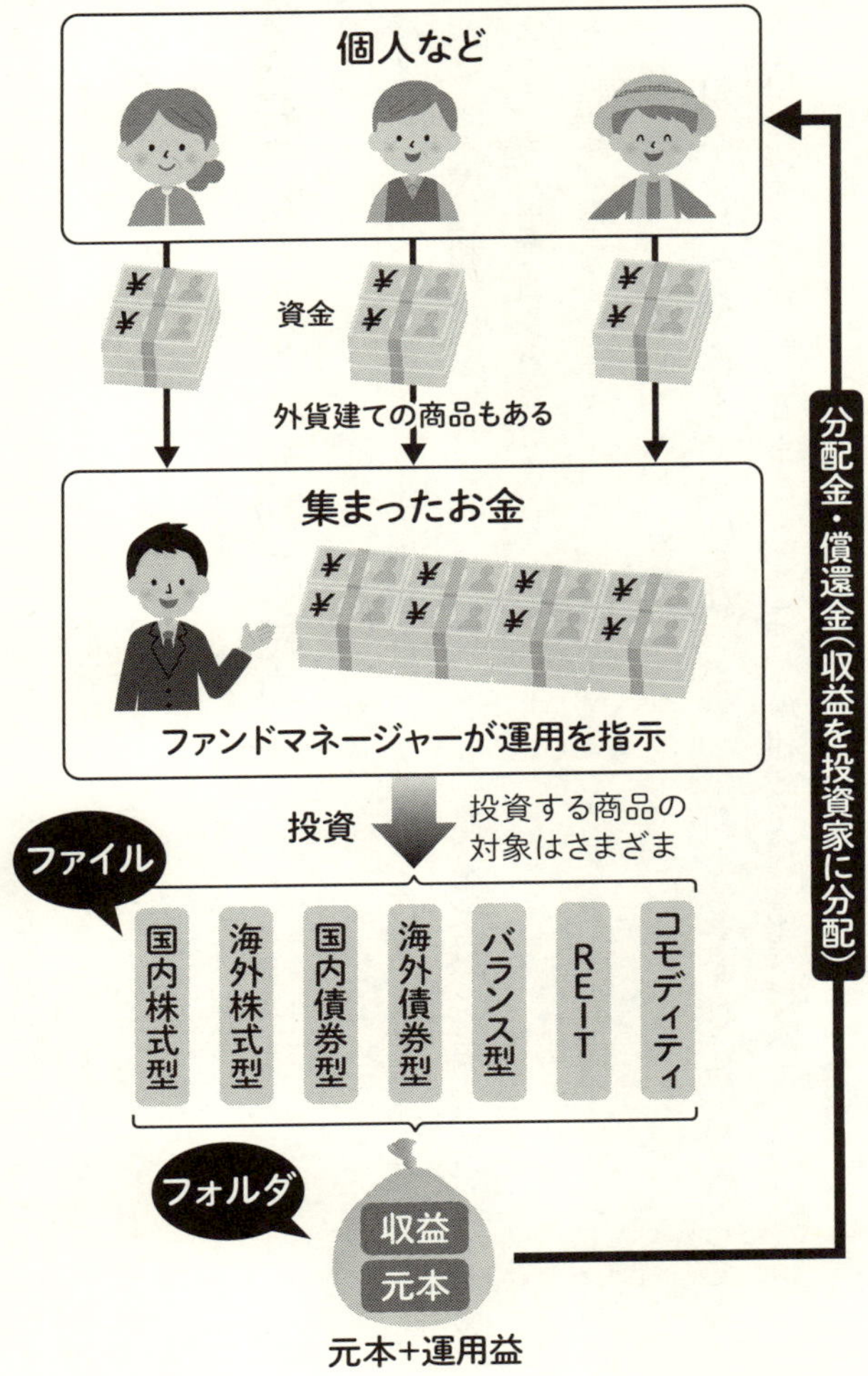
個人など
資金
外貨建ての商品もある
集まったお金
ファンドマネージャーが運用を指示
投資
投資する商品の対象はさまざま
ファイル
国内株式型
海外株式型
国内債券型
海外債券型
バランス型
REIT
コモディティ
フォルダ
収益
元本
元本+運用益
分配金・償還金(収益を投資家に分配)

投資信託とは、ファイル（個別金融商品）をフォルダにまとめただけのものです。たとえば、「日本株オープン」という名前の投資信託であれば、そのフォルダに入っているのはさまざまなタイプの日本株です。

2次曲線で増えていく「複利」の威力

「まえがき」でも書いた通り、確定拠出年金で積立投資を行う場合、複利計算がベースになっています。複利7％ということは、仮に100万円を投資した場合、毎年7万円ずつ増えるということではありません。

たとえば毎年利息分を受取る金融商品の場合は、7％なら毎年7万円ずつリターンがあることになります。これを単利といいます。

確定拠出年金では利息を途中で受取らないので、年利7％であれば掛金に対して毎年1・07を掛け算する複利になります。ここで、単利と複利を比べてみましょう。

単利と複利はこんなに違う

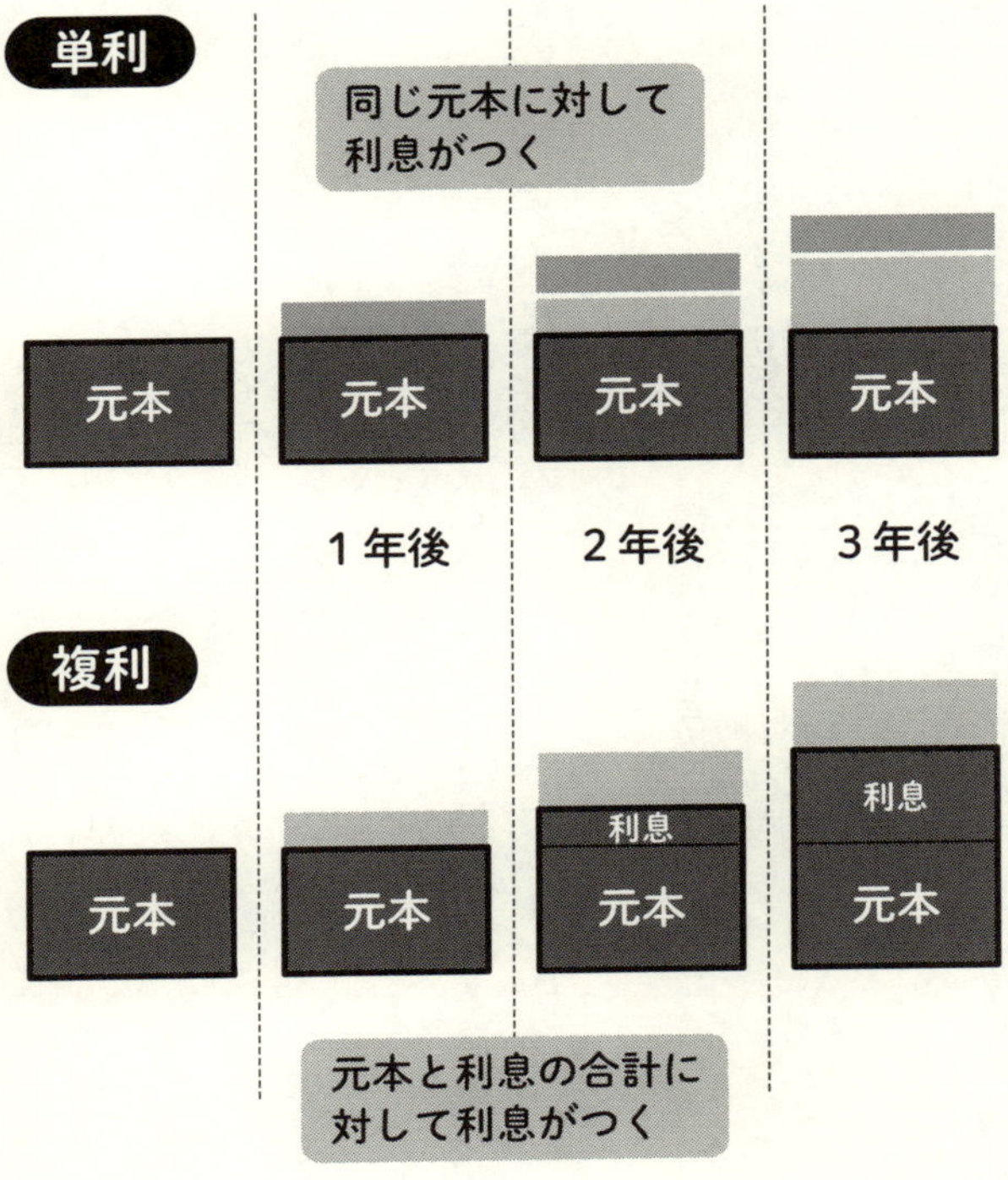

１００万円を預けると、単利でも複利でも1年後には7万円増えて１０７万円になります。その翌年は、単利では１１４万円、複利では１１４万４９００円になります。その翌年は単利では１２１万円、複利で１２２万５０４３円、その翌年は単利で１２８万円、複利で１３１万７９６円になります。

いかがでしょうか。さほど大きな違いだと感じないのではないでしょうか。

しかし、年数を重ねていくとその差はぐんぐん開いていきます。単利の伸びが直線なのに対して、複利は2次曲線で増えていくからです。これを続けていくと、

- 20年後には単利は２４０万円、複利は３８７万円
- 30年後には単利は３１０万円、複利は７６１万円
- 40年後には単利は３８０万円、複利は１４９７万円

どうでしょうか。１００万円を複利効果を得ながら年率7％で運用できると、40年で15

こんなにスゴい！　複利の威力

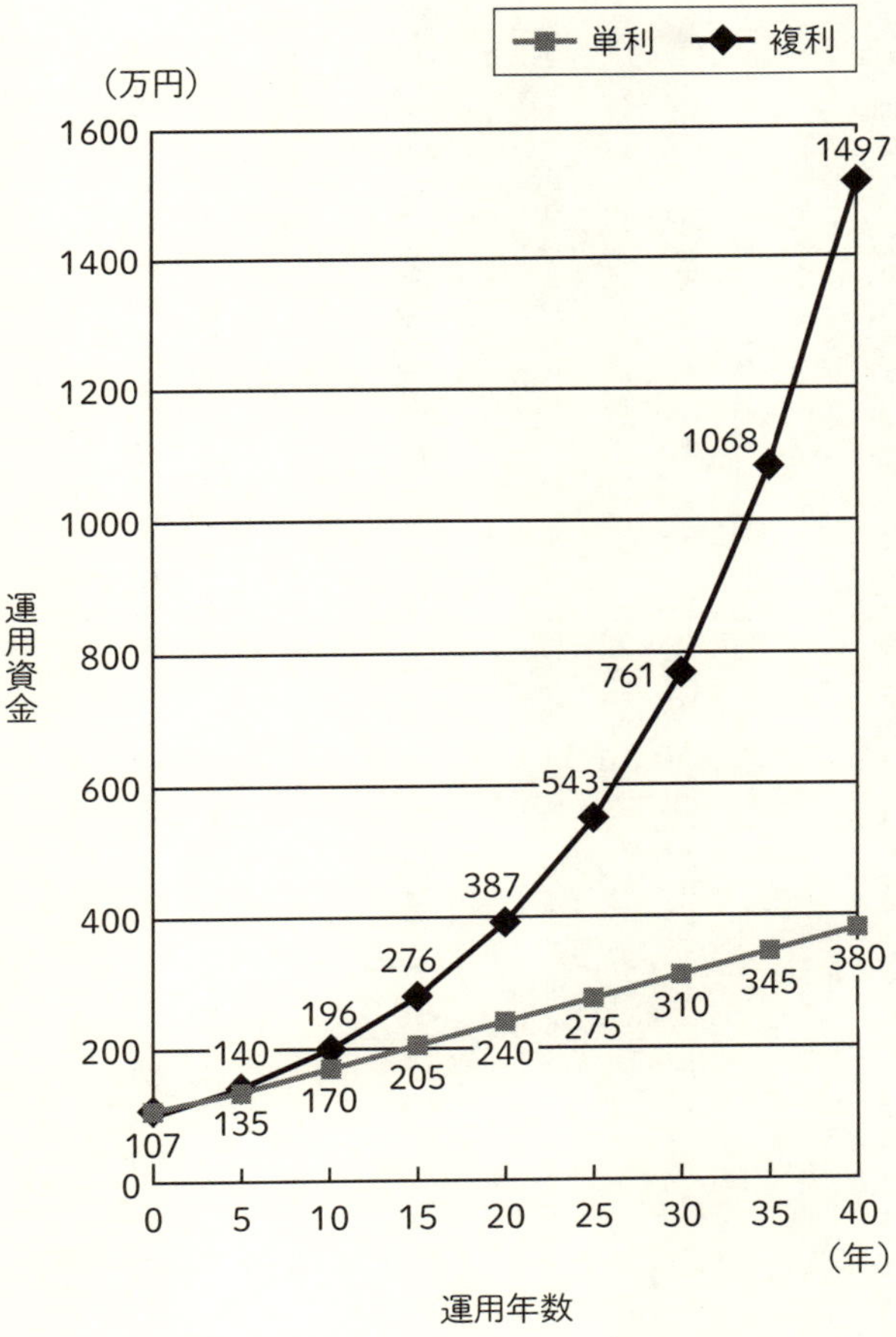

倍にもなるのです。

実際は確定拠出年金は積立投資ですから、元手を少しずつ増やしながら複利で運用していくことになるので、最初に全額投資した場合に比べれば、そこまで爆発的に増えるわけではありません。それでも20年運用で2・2倍、30年運用で3・4倍、35年運用で4・3倍へと資産が膨らんでいくのです。

定額投資が資産を倍増させるドルコスト平均法

さてここまで、世界の株価は長期的には7％ずつ上昇すると説明しました。

しかし実際には、世界の株価は短期的には暴落が頻繁に起こります。ＩＴバブル崩壊、リーマンショック、中国バブル崩壊、ユーロ危機、石油価格の暴落などなど、ご存じの通り、さまざまな状況の変化で世界の株価は乱高下するものです。

こうした株価の変動は、一般の方にとってはおそらく、「恐ろしいこと」に映るでしょう。リーマンショックのように、日経平均株価が3カ月で半分になってしまったり、世界同時に株価の暴落が起きたりすると、株や投資信託を保有していない人でさえ、非常に不安な気持ちになります。

投資など何もしていなかった人は、投資をしている人のことを気の毒に思い、「していなくてよかった」と胸をなでおろすことでしょう。

しかしじつは、確定拠出年金で積立投資をしている人にとっては、暴落は儲けのチャンスです。大きな暴落が起きれば起きるほど、相場が戻ったときのリターンが大きくなるからです。

それは、「ドルコスト平均法」という仕組みにしたがっています。毎月投資信託を一定口数を買うのではなく、毎月一定金額を買うことによって起こる効果です。

次ページの図を見てください。

ここに、1口1万円の投資信託がありました。

「ドルコスト平均法」のすごい効果

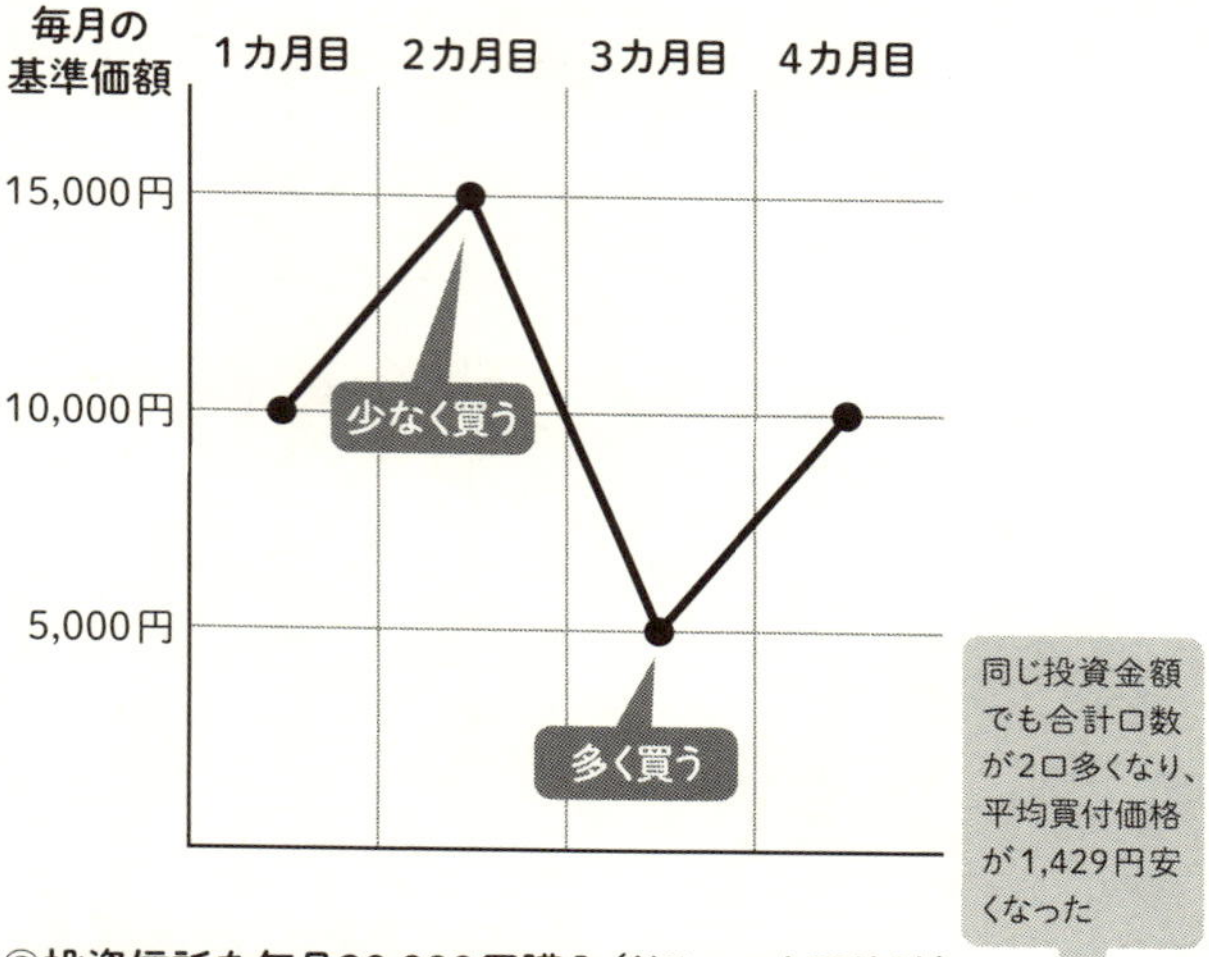

◎投資信託を毎月30,000円購入(ドルコスト平均法)

3口購入	2口購入	6口購入	3口購入
30,000円	30,000円	30,000円	30,000円

＝ 14口購入
120,000円
(平均買付価格
約8,571円)

◎投資信託を毎月3口ずつ購入

3口購入	3口購入	3口購入	3口購入
30,000円	45,000円	15,000円	30,000円

＝ 12口購入
120,000円
(平均買付価格
約10,000円)

Aさんはこの商品を、毎月3口ずつ買っていくことにしました。

Bさんはこの商品を、毎月3万円分ずつ買っていくことにしました。

この1万円の商品は、2カ月目に1万5000円に値上がりし、3カ月目に5000円に値が下がり、4カ月目に1万円に値を戻しました。

Aさんは、1カ月目に3万円で3口、2カ月目に4万5000円で3口、3カ月目に1万5000円で3口、4カ月目に3万円で3口購入しました。4カ月間を合計すると、12万円で12口購入しています。

一方のBさんは、1カ月目に3万円で3口、2カ月目に3万円で2口、3カ月目に3万円で6口、4カ月目に3万円で3口購入しました。

4カ月間を合計すると、投資金額は同じ12万円なのですが、Aさんよりも2口多い14口を購入しているのです。

平均すると、Aさんは1口1万円で購入しているのに対し、Bさんは1口8571円で購入しています。

どういうことでしょうか？

1万円だった商品の価格は2カ月目に1・5倍になり、3カ月目に半分になり、4カ月目に元に戻った。その間、その商品を買い続けていたら、なんとなく普通の感覚であれば、「損もしなければ得もしなかった」だろうと思えるのではないのでしょうか。

Aさんはそうでした。しかし、毎月一定額を投資したBさんは、明らかに得をしています。なぜなら、一定口数ではなく一定額を購入していることで、価格が上がったときには少ない口数を買い、価格が下がったときに多くの口数を買うことになる。つまり、一口当たりの平均購入金額が下がるのです。これがドルコスト平均法の効果です。

そして確定拠出年金で投資信託を購入する場合は、まさにBさんの買い方、ドルコスト平均法で買っていきます。投資信託の価格が上下すればするほど、平均購入金額が下がるというわけです。特に、価格が下がったときには大量に購入して平均購入価格を押し下げてくれるので、下がれば下がるほど、戻ったときのリターンは大きいわけです。

積立投資の「スピードリカバリー効果」

ただ一つ不安になるのは、投資信託の価格が下がったとき、自分の持っている投資信託の評価額ががくんと下がることです。これまでコツコツ5年間積立投資してきた元金が120万円だとして、その評価額が半額の60万円になっていたら絶望的な気持ちになるかもしれません。

しかし、そんなときこそ安く買うチャンスなのです。さらに、積立投資信託をやっている人は、元に戻ってようやく安堵するのではありません。株価が底をついて回復を始めて少しすると、驚くことに気がつくでしょう。

ここでもう一つ例をあげます。次ページの図を見てください。積立投資を始めたとき、最初の購入価格は1万円ですが、5年後に2000円まで下落し、評価額はマイナス59%まで下がりました。この時点では絶望的な気持ちになっているはずです。

しかしスタートから5年で底を打つと翌月から回復を始め、10年後には1万円に戻りま株価の下落はむしろチャンス！――「スピードリカバリー効果」

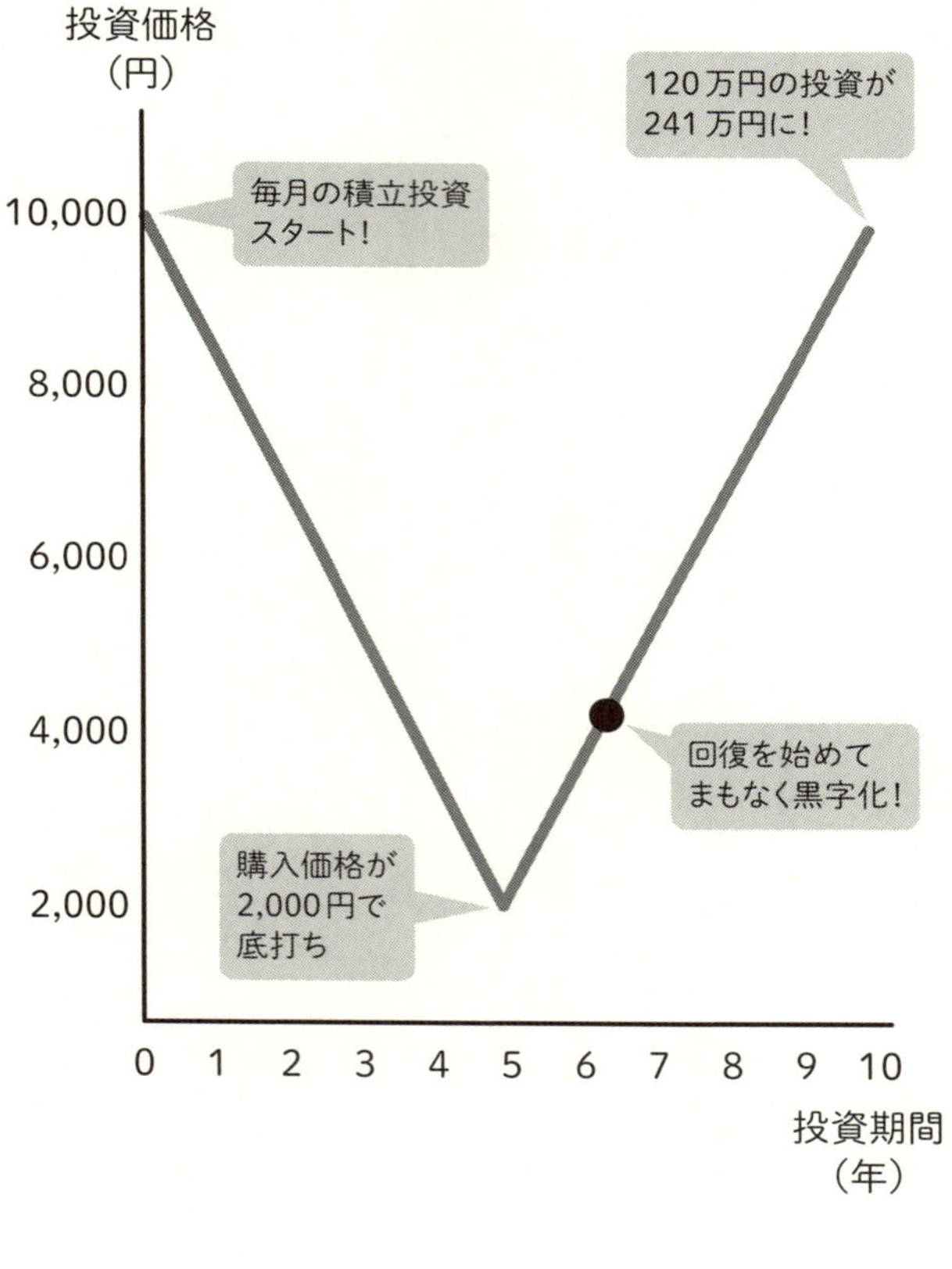

した。さて、黒字化したのはいつの時点だと思いますか？

なんと、6年6カ月目にはもう黒字に回復します。

積立投資を始めて以来下落し5年後に底を打った時点では、コツコツ積み立ててきた60万円の投資評価額が24・6万円に下がっていました。

それが5年1カ月目から回復をし始めてわずか1年半。6年6カ月目で評価額60万円を取り戻してしまったのです。ドルコスト平均法の効果で、平均購入価格が押し下げられていたためです。

どんなに価値が下がっていっても、いや、下がれば下がるほど、上がり始めたときに素早く回復する。それが積立投資の持つ「スピードリカバリー効果」です。

変動幅が大きいほどリターンも大きい

では、このV字回復した商品が10年後に最初と同じ1万円を取り戻したとき、毎月1万円ずつ10年間積立投資した合計120万円は、いったいいくらになったでしょうか。

その答えはなんと241万円。10年間で投資額は2倍になりました。

これが、積立投資が持つ「リバウンド効果」です。ダイエットのリバウンドは困ったものですが、投資のリバウンドなら大歓迎です。

ここまできて賢明な読者の方は気づいたかと思いますが、積立投資をする場合、変動の山や谷が多ければ多いほど、その振れ幅が大きければ大きいほど、ドルコスト平均法は高い効果を発揮します。

ですから、乱高下の激しい商品ほどリターンが大きくなることがおわかりでしょう。確定拠出年金で扱っている商品のなかで、乱高下が激しいのは、株式に投資をする投資信託です。株は変動幅が大きいからこそ、大きなリターンが見込めるのです。

大事なのは、自分の資産評価額の乱高下に一喜一憂しないこと。特に下落したときの資産評価額を気にしてはいけません。そして、下がったときには、絶対に他の商品に買い替えてはいけません。下がったときにこそ、「よしよし、安く買えているぞ」とほくそ笑むくらいの余裕を持ちましょう。

暴落した価格は必ず元に戻り、それ以上の高値をつける。他の商品に切り替えるタイミングは、じつは高値のときなのです。

第6章

ファンドの選び方一つで運用実績は大きく変わる

ここまで、確定拠出年金の制度概要とそのメリット、デメリット、大きな老後資金がつくれる仕組みについて、かなりご理解いただけたのではないでしょうか。

多くの方が「よし、iDeCoを始めてみよう！」と思われたでしょうが、いざ始めるにはどのようにしたらいいのか。

この章では、実際の個人型確定拠出年金の始め方と運用方法について、具体的に解説していきます。

どの金融機関を選ぶのがいい？

企業型確定拠出年金では、どの金融機関で口座開設を行うかは企業により定められているため、従業員は選択することができません。一方、個人型確定拠出年金を始めるには自分で金融機関を決め、専用口座を開設する必要があります。

個人型確定拠出年金を取り扱う金融機関はみずほ銀行、東京三菱ＵＦＪ銀行、りそな銀行などの都市銀行や、全国の地方銀行、労働金庫、信用金庫、証券会社、生命保険会社、損害保険会社などさまざまです。

個人型確定拠出年金は、運営金融機関によって選べる運用商品の種類や、加入者が負担する手数料が異なるため、この金融機関の選定がとても大切になります。

口座を持っている銀行や保険会社が取り扱っているからと安易に決めてしまうと、自分が運用したいカテゴリーの商品のラインナップが充実していないなど、あとで後悔することにもなりかねません。

とはいえ、一人で一つひとつ調べて比較検討をするのは骨の折れる作業です。

そこで比較検討をするのには、特定非営利活動法人確定拠出年金教育協会が運営している「個人型確定拠出年金ナビ（ｉＤｅＣｏナビ・http://www.dcnenkin.jp/）」というサイトがおすすめです。

iDeCoナビ（運営：特定非営利活動法人 確定拠出年金教育協会）

サイト内の「取扱金融機関検索」では、個人型確定拠出年金を取り扱っている金融機関をさまざまな切り口で検索できます。

トップページから、「商品内容を調べる」をクリックすると、それぞれの運営管理会社がどのジャンルの商品を何本扱っているかという比較表が見られます。

それぞれに並べ替えボタンがついているので、特に興味がある商品ジャンルの順に並べ替えを行うと便利です。

たとえば、国内株式の降順並べ替えボタンをクリックすると、次のような画面になります。SBI証券が10本で最も多く、次に三井住友信託銀行が8本、大和証券、野村證券、

関心のある商品ジャンルで並べ替えができる

金融機関名	元本確保型	投資信託						
		MMF MRF	国内株式	国内債券	外国株式	外国株式（新興国）	外国債券	外国債券（新興国）
ＳＢＩ証券(資産50万円未満)	3	0	10	2	7	3	5	1
ＳＢＩ証券(資産50万円以上)	3	0	10	2	7	3	5	1
三井住友信託銀行【プランN】	3	0	8	1	2	1	1	1
大和証券	1	0	7	2	3	4	2	0
野村證券	4	1	7	2	3	1	3	1
三井住友信託銀行【プランJ】	2	0	7	2	1	0	1	0
スルガ銀行(資産50万円未満)	3	0	6	2	3	4	4	1
スルガ銀行(資産50万円以上)	3	0	6	2	3	4	4	1

スルガ銀行が続きます（2016年10月時点）。

そこで、それぞれの金融機関の「詳細閲覧」をクリックすると、商品ラインナップの一覧が出てきます。

元本保証型か投資信託かなどの「区分」、国内債券か外国株式かなどの「投資対象」、インデックス型かアクティブ型かなどの「タイプ」、「運用商品名」、「信託報酬」が一覧になっているので、自分が探している商品を見つけやすくなっています。

トップページに戻り、「手数料を調べる」

というページを開くと、金融機関ごとの手数料一覧が見られます。

加入時の費用は最も高いもので6017円で、最も安いもので2777円。

2777円という金額は、国民年金基金連合会という、個人型確定拠出年金の制度を管理する団体に支払うものなので、ここで手数料が2777円と書かれた金融機関自体は、手数料を無料にしているということです。初回費用は1回だけしかかからないので、あまり気にしなくていいでしょう。


重要なのは運用期間中に毎月かかる費用です。積立投資をするという前提ですから、「積み立てを行う場合」の昇順並べ替えボタンをクリックすると、月々の手数料が安い順に並びます。

この月々の手数料は、国民年金基金連合会に支払う月々手数料と、事務委託先金融機関（資産管理サービス信託銀行）に支払う規定の金額が合わせて167円かかり、それに運営管理会社の手数料が足された合計金額になります。

スルガ銀行、SBI証券（資産50万円以上）、楽天証券（資産10万円以上）が167円で最も安いですが、これは実質、手数料無料ということです。

月々の手数料は数百円程度の差なので、気にするほどでもないと考えられるかもしれませんが、複利運用の元本となる部分から毎月減らされるので、何十年と運用していくと、その差は決して小さいものではなくなります。よく検討しましょう。

おすすめ金融機関はここだ！

現時点では、私のおすすめの運営管理会社の一つはＳＢＩ証券です。

というのも、この本を通じて私がおすすめしているのは、確定拠出年金で投資信託を使って積立投資をすることです。

特に世界経済の成長の恩恵を受けるためには、世界の株式に投資をする投資信託が有効だと考えています。

SBI証券は、日本株ファンド、先進国株式ファンド、グローバル中小型株ファンド、BRICs株式ファンド、新興国株式ファンドなど、選べる投資信託の種類が特に豊富で、本数も多いです。世界の株式に投資をしたい場合、より多くの選択肢から商品を選ぶことができます。

月々の口座管理手数料は491円（実質324円）ですが、資産50万円を超えると167円（実質無料）になるのもメリットです。

また、2016年9月に個人型確定拠出年金のサービスを開始した楽天証券もおすすめの一つです。楽天証券は現時点（2016年11月）ではSBI証券に比べて商品数が少ないですが、信託報酬の低い商品が揃っている点が魅力です。

また、こちらは資産10万円を超えると月々の口座管理手数料が167円（実質無料）になります。

なお、個人型確定拠出年金では、一度運用をスタートした後でも任意に運営管理機関を変更（移管）することができます。

手続き自体は難しくありませんが、その際に注意すべきなのは、それまで運用していた全商品をいったん売却して現金化を行い、変更先の運営管理機関が取り扱う運用商品を新たに選択して購入する必要があるということです。

商品によって売買にかかる手数料には違いがあるので、留意しておく必要があります。

また、移管に必要な事務手数料等にも注意しておきましょう。

日本の株式市場は世界全体の約8％

私はここまで、確定拠出年金を運用するなら投資先は投資信託、しかも先進国から新興国までカバーできるものがベストだとおすすめしてきました。

では、具体的にどの商品に投資したらいいのでしょうか。これについては、いろいろな考え方があり、その結果についてはご自身が責任を持つわけですから、自分の考え方で選んでいただくのが一番です。

したがって、ここでは自分で納得して選択するための参考として、私の考えをご紹介していきます。

まずは世界株と日本株の比率から。世界に分散投資するというと、日本株ファンドと世界株ファンドを50％ずつかける人がいます。

しかし私の考えでは、日本も世界の一地域にすぎません。2016年9月時点における日本の株式の時価総額は世界の株式時価総額の8％程度ですから、確定拠出年金で日本株ファンドを購入する場合は、その比率を10％程度にするのが私の考える世界への分散投資になります。

もう一つ、日本株式の比率を抑える理由としては、第5章でも述べましたが、ここ数十年の世界の主要市場で日本経済だけが成長をしてこなかったことです。

世界のなかで日本だけが長期間デフレを放置したため、横ばいもしくは右肩下がりの経済停滞に甘んじてきました。

したがって、日本株全体の市場平均は世界に比べて高いとは言えません。

今後インフレになれば再び経済成長をする可能性はありますが、それでも世界平均を上回るような高成長は当面見込めないでしょう。

ですから単純に、日本株ファンドより米国株式や新興国株式に投資をする方が高いパフォーマンスを期待できると私は思います。

ちなみに私ももちろん確定拠出年金で運用をしています。投資先は、先進国株式と新興国株式の二つの投資信託に半分ずつです。

どの運用商品を選ぶのがいいか

私のおすすめの運用法はいったん置いて、次は確定拠出年金にはどのような運用商品があるのかを見ていきましょう。

すでに説明しましたが、確定拠出年金の商品は、元本保証のある元本確保型と、元本保証のないリスク運用型の、二つのカテゴリーに分けられます。

元本保証のあるものは、定期預金、年金保険などがあります。いずれも高いリターンは望めませんが、満期まで保有すれば元本割れを起こすことがないので、資産が目減りするリスクを一切負いたくないという人は、こちらを選ぶといいでしょう。

あるいは、後ほど説明しますが、投資信託で運用しておき、60歳よりも前に利益を確定しておきたい場合、こうした元本保証型の定期預金や年金保険に切り替えるというのも一つの手です。こうすることで、その後の下落リスクを避けることができます。

ファンドは投資対象のジャンルによって、次のように分類されます。

国内株式ファンド

日本株式に投資するファンドには、日経225やTOPIXなどの指数に連動するインデックスファンドや、成長企業株、中小型株、割安株、CSR（企業の社会的責任）に積極的に取り組んでいる企業にターゲットを絞ったアクティブファンドなどがあります。

トヨタや日立、ＮＴＴなどの大企業の株を大型株というのに対し、ベンチャーや中堅企業などの中規模企業の株式を中小型株といいます。安定した業績を反映して株価の変動が比較的小さい大型株ファンドに対し、中小型株ファンドは創業間もない企業が多く、一つのニュースが株価に与える影響が大きいため、価格の変動も大きくなる傾向にあります。

リスクは大きめですが、大型株ファンドに比べて大きな成長が期待できるという面もあります。

外国株式ファンド

外国株式に投資するファンドは、先進国の企業に投資するものと新興国に投資するものに分けられます。

先進国に投資するファンドは、アメリカやヨーロッパのグローバル企業に投資するものが多くあります。

新興国に投資するファンドは、ＢＲＩＣｓ（ブラジル、ロシア、インド、中国）の企業に投資するものや、アジアのフロンティア諸国と呼ばれるバングラデシュ、モンゴル、カザフスタン、スリランカ、ベトナムなどの企業に投資するものなどがあります。

先進国に比べて新興国のファンドの方がより値動きが激しく、リスクは大きくなります。第5章で説明した通り、積立投資をする場合は、ドルコスト平均法の効果で乱高下するファンドの方がより大きなリターンを得られるので、新興国ファンドはなかでもハイリターンが期待できる投資先ということになります。

国内株式ファンドにはない外国株式ファンドの特徴は、為替変動リスクがあることです。円高になると価値は下落し、円安になると価値が上昇します。ですから、仮に株価が暴落して円高になると、二重の効果で評価額が下がってしまいます。

ただしこれもあまり不安に思わないことです。なぜなら円高であればその分、さらに多くの外国株を買えるからです。ドルコスト平均法の効果が二重に出ることになり、のちのち円安に振れればリターンがさらに大きくなります。

さまざまな投資信託

国内株式型の投資信託	主に国内株式を投資の対象にしている。大企業の株式が中心のもの、中小企業が中心のものなど
海外株式型投資信託	ユーロ圏、オセアニア、アジアといった地域別のもの、先進国、新興国（BRICs、VISTA）など、似通う経済圏のものなど
国内債券型の投資信託	為替リスクがなく、価格変動が小さいことが魅力。安定的なリターンが期待できる。デフレのときに安心
海外債券型の投資信託	外国の政府や企業などが外貨建てで発行する債券に投資する。債券でも国によっては利回りがいいところもある
不動産に投資する投資信託（REIT）	不動産を投資対象とする投資信託。J-REITとは、日本における不動産投資信託のこと。分配金が支払われる
商品（コモディティ）に投資する投資信託	コモディティとは商品。この場合、私たちの生活に欠かせない資源や原材料、金、原油、大豆などに投資する
バランス型の投資信託	株式や債券、REITなど複数の資産に投資をするもので、一本で分散投資ができる

また多少コストはかかるものの、為替リスクを回避できるファンドもあります。その商品には、ファンドの説明などに「為替ヘッジあり」と明記されているはずです。

国内債券ファンド

主に日本の国債や地方債などの債券に投資するファンドです。債券には期日があり、満期まで持ち続けて償還されれば、額面に決められた利息が乗った金額が戻ってきます。

しかし、満期になる前の債券は市場で取引されるため、価格は変動します。こうした価格変動する債券を組み入れたのが債券ファンドです。

債券価格は一般的に「金利」と「健全性（信用リスク）」の二つの観点から価格が変動します。金利が上昇すると債券価格は下落し、金利が下落すれば債券価格は上昇する傾向があります。

また、変動の振れ幅は、償還までの期間が長いほど大きく、短いほど小さくなります。ですから、償還までの期間が長い債券を多く組み入れている投資信託は価格変動リスクが

資産の種類による期待リスクとリターンの違い

	期待リターン	リスク
国内債券	－0.4%	4.2%
外国債券	0.9%	11.8%
国内株式	3.2%	25.2%
外国株式	3.6%	26.8%

（出所）年金積立管理運用独立行政法人2016年３月公表資料より筆者作成

大きくなります。

日本の国債は、金利はゼロ金利で張りついているため変動性が低く、また日本国債は健全性が高いため、値動きはあまり大きくはありません。世界の債券のなかで日本国債はローリスク・ローリターンな商品です。日本国債が組み入れられている比率によっても、価格変動リスクが変わります。

外国債券ファンド

基本的に国内債券ファンドと同じ要因で値動きをしますが、そこに為替変動リスクが加わり、日本より大きな値動きをするファンド

投資信託のリスクとリターンは比例する

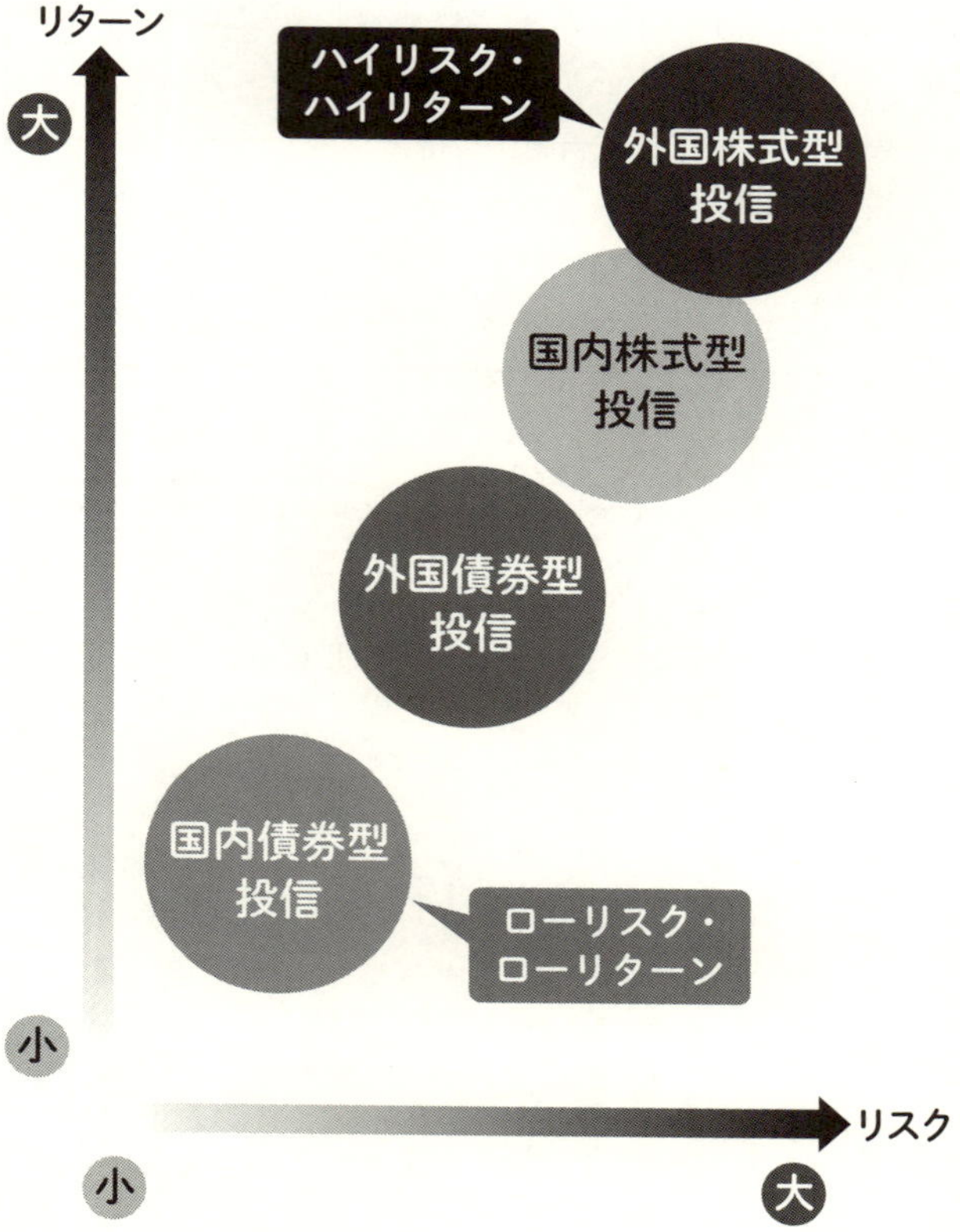

が多いです。外国株式と同様、先進国の債券に投資するものと、新興国の債券に投資するものがあります。

当然、新興国の債券の方がリスクが高くなります。

「バランスファンド」も選択肢の一つ

これまでご説明をしてきたそれぞれの商品は、レストランでいうとアラカルト。どのように組み合わせるかは、みなさんの投資期間やリスク許容度によって変わってきます。あまりリスクを取りたくない方は債券70％・株式30％というように、債券の割合を多くします。投資期間が長期なのでもっとリターンを狙いたいという方は、株式の割合を増やします。

そして、この組合せ（資産配分）が決まっており、その配分からずれた場合に自動的に修正をしてくれるのが、バランスファンドと呼ばれるものです。レストランでいうとコース料理のようなものです。

このバランスファンドを購入する場合、みなさんが考える適正な資産配分にそのバランスファンドの資産配分の割合が合っているかどうかで選びます。

資産配分の決定には、便宜的に次の式がよく使われます。

◉（100－年齢）＝株式の割合

つまり、いまみなさんの年齢が30歳とすると、100－30＝70で株式の割合が70％。40歳だと株式が60％、債券が40％という比率になります。

これは、年齢とともに退職までの期間が短くなるため、それにつれてリスク許容度が小さくなるという考え方に基づいています。

バランスファンドには「○△ファンド80」という商品名がよくありますが、「80」というのは株式の割合が80％だということを表しています。20代のときは「80」を選んで、40

代のときは「60」を選んでと、その年齢によって変えていかなければいけないのが少し面倒かもしれません。

ターゲットイヤー型ファンド

ターゲットイヤー型ファンドとは、投資を終了する年を決めて、それに向けて徐々にリスクを減らしていくバランスファンドです。基本的に、株式ファンドと債券ファンドの組み合わせで構成されています。

若いうちは株式ファンドの比率が高いハイリスク・ハイリターンの運用をして、ターゲットイヤー（退職目標年）が近づいてくるにつれて株式と債券の比率を逆転させ、安定して運用できるよう切り替えていきます。

退職年が近づくにつれてリスクを減らしていくこのようなやり方は、私も賛成です。その切り替えを、プロのファンドマネージャーに任せると考えればいいでしょう。自分で投資判断をしたくないという人には、選択肢となります。

REITファンド

REIT（リート）とは、「Real Estate Investment Trust（不動産投資信託）」の略称です。アメリカで1960年代に始まり、日本では2001年に日本版REIT（J-REIT）市場が誕生しました。

投資家から集めたお金を投資法人が運用します。賃貸ビルや賃貸マンション、商業施設などを購入し、賃料収入で運用してその運用益を分配するものです。

REITで購入した建築物が高い入居率、高い賃料で運用されれば、高リターンが期待できます。そのようなREITは高値で売買され、そうでなければ価格が下がります。

REITファンドは複数のREITに投資します。東証REIT指数（東京証券取引所に上場している不動産投資信託全銘柄の指数）に連動したインデックスファンドや、投資対象を絞り込んで運用するアクティブファンドがあります。

コモディティ（商品）ファンド

コモディティファンドとは、エネルギーや貴金属、穀物など、コモディティ（商品）価格に値動きが連動する投資信託です。

商品は株式と比べても値動きがより大きいため、ファンドの値動きが非常に大きいのが特徴です。株式や債券の値動きとの連動性が低いため、分散投資の意味で一部を組み込んでおくのも選択肢となるかもしれません。

ファンドを組み合わせるのもおすすめ

それぞれのファンドは分散投資がされているので一つに決めてもいいですが、さらに分散投資の度合いを高めたい場合は、これらのファンドをいくつか購入するといいでしょう。

国内と海外、先進国と新興国、欧米とアジアなど、タイプの異なるファンドを組み合わせるのがおおすすめです。

もう一度いいますが、株価は世界平均で7％程度で成長しています。年利7％で運用したければ、世界の株式ファンドに分散投資するイメージでポートフォリオを組むといいでしょう。

「信託報酬」は重要なチェックポイント

ファンドを選ぶうえで重要なのが、ファンド運用会社の手数料である「信託報酬」です。信託報酬はファンドによってかなりの差があります。

次ページ、次々ページの表は、2016年10月時点でのSBI証券の個人型確定拠出年金のラインナップです。

国際（海外）株式ファンドのなかで、信託報酬が最も安い「ニッセイDCニッセイ外国株式インデックス」の信託報酬は0・23％。一方、高いものだと信託報酬が1・5〜2％のものもあります。

これはとても大きな差です。もしあるとき1000万円を運用していたとして、その信託報酬が0・3％であれば3万円ですが、1・5％であれば15万円。これだけの信託報酬が

SBI証券・個人型確定拠出年金の商品一覧(2016年10月時点)

分類・ 投資地域	委託会社 ファンド名	信託報酬	純資産 (百万円)
国内株式・ 日本	One MHAM　TOPIXオープン	0.70%	8,596
	SBI SBI　TOPIX100・インデックスファンド <DC年金>	0.26%	4,494
	野村 野村DC・JPX日経400ファンド	0.27%	62
	フィデリティ フィデリティ・日本成長株・ファンド	1.65%	334,847
	三井住友 三井住友・バリュー株式年金ファンド	1.40%	5,993
	三井住友 三井住友・DC日本株式インデックスファンドS	0.21%	2,478
	One 日経225ノーロードオープン	0.86%	175,403
	朝日 朝日ライフ　日経平均ファンド (愛称:にぃにぃGo)	0.54%	3,507
	ニッセイ ニッセイ日経225インデックスファンド	0.27%	108,237
	三井住友TAM DCグッドカンパニー(社会的責任投資)	1.53%	8,367
	SBI SBI中小型割安成長株ファンド ジェイリバイブ <DC年金>	1.62%	103
国内株式・ グローバル	ポートフォリア みのりの投信(確定拠出年金専用)	1.674%	—
	レオス ひふみ年金	0.82%	4
国際株式・ グローバル	SBI EXE－i先進国株式ファンド	0.3244%	4,618
	ニッセイ DCニッセイ外国株式インデックス	0.23%	1,384
	三井住友TAM DC外国株式インデックスファンド	0.86%	8,847
	ラッセル ラッセル・インベストメント外国株式ファンド (DC向け)	1.46%	3,872
	SBI EXE－iグローバル中小型株式ファンド	0.3584%	2,954
	キャピタル・インターナショナル キャピタル世界株式ファンド(DC年金用)	1.5406%	27
	日興 インデックスファンド海外株式ヘッジあり (DC専用)	0.30%	1,721
国際株式・ エマージング	SBI EXE－i新興国株式ファンド	0.3904%	3,674
	シュローダー シュローダーBRICs株式ファンド	2.03%	12,666
	三菱UFJ国際 三菱UFJ DC新興国株式インデックスファンド	0.59%	8,036
国際株式・ アジア	SBI ハーベスト　アジア　フロンティア株式ファンド	2.0972%	1,508

国内債券・日本	野村 野村日本債券ファンド（確定拠出年金向け）	0.594%	14,877
	三菱UFJ国際 三菱UFJ　国内債券インデックスファンド（確定拠出年金）	0.13%	14,655
国際債券・グローバル	野村 野村外国債券インデックスファンド（確定拠出年金向け）	0.594%	25,809
	三井住友 三井住友・DC外国債券インデックスファンド	0.23%	47,313
	SBI－EXE i先進国債券ファンド	0.4244%	1,360
	野村 野村DC運用戦略ファンド（愛称：ネクスト10）	1.296%	5,976
	三菱UFJ国際 グローバル・ソブリン・オープン（DC年金）	1.35%	3,062
国際債券・エマージング	三菱UFJ国際 三菱UFJ　DC新興国債券インデックスファンド	0.56%	2,428
国際債券・グローバル	日興 インデックスファンド海外債券ヘッジあり（DC専用）	0.28%	2,248
国内REIT・日本	One MHAM　J-REITアクティブファンド（DC年金）	1.08%	3,977
	ニッセイ DCニッセイJ-REITインデックスファンド	0.59%	1,346
国際REIT・グローバル	三井住友 三井住友・DC外国リートインデックスファンド	0.3024%	47
	SBI EXE－iグローバルREITファンド	0.3624%	2,465
	野村 野村世界REITインデックスファンド（確定拠出年金向け）	0.5724%	7,711
バランス・グローバル	日興 DCインデックスバランス（株式20）	0.18%	1,857
	日興 DCインデックスバランス（株式40）	0.19%	3,167
	ニッセイ DCニッセイ/パトナム・グローバルバランス（債券重視型）（愛称：ゆめ計画（確定拠出年金））	1.19%	5,756
	日興 DCインデックスバランス（株式60）	0.21%	3,852
	三井住友TAM SBI資産設計オープン（資産成長型）（愛称：スゴ6）	0.73%	23,345
	日興 DCインデックスバランス（株式80）	0.22%	3,275
	SBI セレブライフ・ストーリー2025	0.6819%	987
	SBI セレブライフ・ストーリー2035	0.6884%	1,197
	SBI セレブライフ・ストーリー2045	0.6932%	770
	SBI セレブライフ・ストーリー2055	0.6688%	419
コモディティ・グローバル	大和 ダイワ/RICIコモディティ・ファンド	1.9049%	2,180
コモディティ・日本	三菱UFJ国際 三菱UFJ純金ファンド（愛称：ファインゴールド）	0.972%	6,570

信託報酬が0.1％違うと年間の費用はこれだけ変わる

		資産額				
		100万円	200万円	300万円	400万円	500万円
信託報酬	0.1%	1000円	2000円	3000円	4000円	5000円
	0.2%	2000円	4000円	6000円	8000円	10000円
	0.3%	3000円	6000円	9000円	12000円	15000円
	0.4%	4000円	8000円	12000円	16000円	20000円
	0.5%	5000円	10000円	15000円	20000円	25000円

毎年かかるのです。

数万円ずつかけ始めたときはそれほど気にならない差でも、積み立て期間が長くなり積立額が大きくなってくると、信託報酬の差によってとても大きな影響が出てきます。

ただし、信託報酬が安い方が必ず有利なわけではありません。なぜファンドによって信託報酬にそれほど大きな違いが生まれるのでしょうか。

インデックスファンドとアクティブファンドは大違い

投資信託は、運用方法による違いから「イ

アクティブファンド、インデックスファンドのイメージ

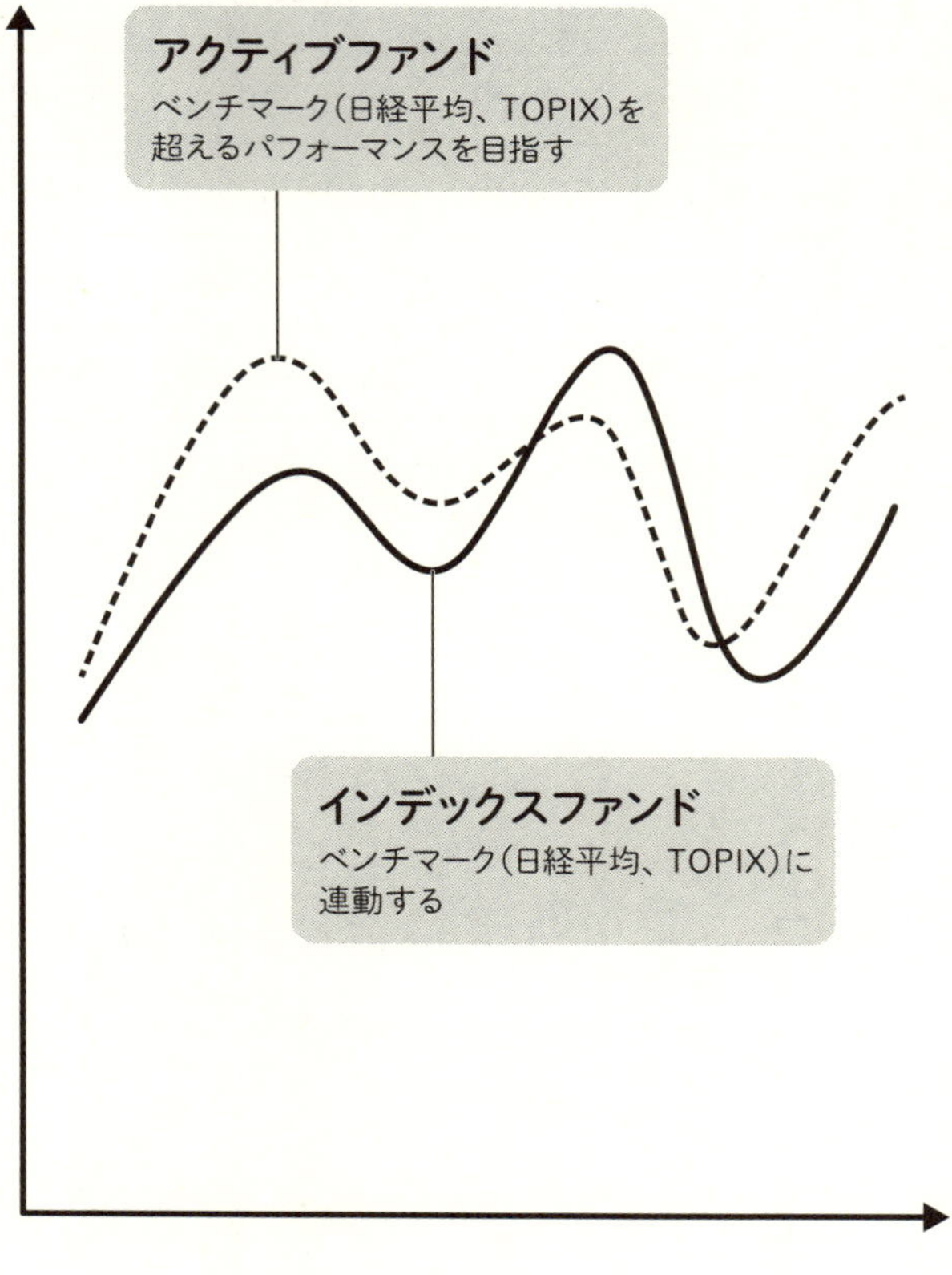

特徴の違いを理解しておくことが大事！

	インデックス	アクティブ
運用目標	指数に連動する	指数以上を目指す
コスト	安い	高い
リスク	市場平均並み	市場平均より高め
商品ごとの値動き	あまり差がない	商品によって差がある

ンデックスファンド」（パッシブファンドともいいます）と「アクティブファンド」の二つに分かれます。

まずインデックスファンドは、市場平均に連動するように設計されている投資信託です。日本株であればＴＯＰＩＸや日経２２５などの日本株全体、米国株であればＮＹダウ、Ｓ＆Ｐ５００など米国株全体の指数に連動します。

このインデックスファンドは市場平均に連動するよう設計されているだけなので、ファンドマネージャーが企業や市場の調査をするわけではありません。その分、投資信託にかかるコストである信託報酬が安くなります。インデックスファンドの場合、この信託報酬が一般的に年間0・2％〜1％です。

一方のアクティブファンドは、実際にファンドマネージャーが企業調査などに出かけ、これから値上がりしそうな会社を発見し、仕込みます。

やや余談になりますが、あるファンドマネージャーは週末にららぽーとなどのショッピングモールに行き、お客さんがたくさん入っている小売店をチェックして銘柄を発掘することもあるそうです。

そうしたこともあって、ファンドの運営維持にかかる費用がその分高くなり、多くのアクティブファンドは信託報酬が1・5％〜2％に設定されています。

先ほどの例でいえば、「ニッセイ DCニッセイ外国株式インデックス」はインデックスファンド、信託報酬が1・5％以上のものはアクティブファンドです。

インデックスファンドの信託報酬は安く、アクティブファンドの信託報酬は高いのが特徴です。

どちらを選ぶべきか

インデックスファンドとアクティブファンドのどちらがいいかというのは、難しい質問です。アクティブファンドはインデックスファンドを上回る成績を目指しているものの、必ずしも高いリターンが得られる保障はありません。

また必ずコストが発生するので、アクティブファンドを選ぶ際は、そのコスト以上のリターンを出してくれるかどうか、過去の運用成績を見てしっかり確認しましょう。

運用成績で投資信託を比較するのに役立つのが、『モーニングスター』などの投資信託の「評価会社」です。モーニングスター（http://www.morningstar.co.jp/fund/）では、レストラン評価のミシュランのように、投資信託を運用結果をもとに星で5段階評価しています。

仮に日本株に投資する投資信託が100本あったとすると、それを1年、3年と期間を区切り、成績順に上から並べてランクをつけています。

厳密にいうと、ランクづけにはリスクも加味されているのですが、星が多いほど運用が上手であるという認識でいいと思います。

ミシュランの場合は3つ星が最上級ですが、モーニングスターの場合は3つ星が平均点。その場合、コストの高いアクティブファンドを買う必要はありません。

たとえると、バイオリンの名器、ストラディバリウスはその力強くも繊細な音色が演奏者、聴衆を魅了し、コンサートホールの一番後ろの席まで軽々と音が届くので、数千万円～数億円の価値があります。しかし、平均的な音しか出ないバイオリンの場合、その値段はせいぜい数十万円です。

平均よりいい成績を長年にわたって出し続けることはなかなかできませんが、探せばないわけではありません。市場平均（インデックスファンド）を大きく上回る実績があり、自分が「これだ！」と思うファンドを見つけられれば、アクティブファンドを購入する価値もあるでしょう。

一方のインデックスファンドは、運用成績のよし悪しという概念はないため、選ぶときには「その指数がどこの市場平均をとっているか」を知っておく必要があります。

次ページの表を参考に、自分の投資したい市場を探してみてください。

主な市場インデックス

資産クラス	代表的な市場インデックス（指数）
国内株式	東証株価指数（配当込みTOPIX）、日経平均株価など
先進国株式	MSCIコクサイ・インデックス（除く日本、配当込み、円換算）など
新興国株式	MSCIエマージング・マーケッツ（配当込み、円換算）など
国内債券	野村BPI（総合）など
先進国債券	シティグループ世界国債インデックス（除く日本、円換算）など
先進国債券（ヘッジ）	シティグループ世界国債インデックス（除く日本、為替ヘッジあり）など
ハイイールド債券	バンク・オブ・アメリカ メリルリンチUSハイイールド・インデックス（円換算）など
ハイイールド債券（ヘッジ）	バンク・オブ・アメリカ メリルリンチUSハイイールド・インデックス（為替ヘッジあり）など
新興国債券（ドル建て）	JPモルガン・EMBI・グローバル・プラス（円換算）など
新興国債券（ヘッジ）	JPモルガン・EMBI・グローバル・プラス（為替ヘッジあり）など
新興国債券（現地通貨建て）	JPモルガン・GBI-EM・グローバル・ダイバーシファイド（円換算）など
国内REIT	東証REIT指数（配当込み）など
先進国REIT	S&P先進国REIT指数（除く日本、配当込み、円換算）など

第7章

やりかた次第で大きく差がつく「もらい方」

受け取る時期を延期することもできる

投資信託を含むリスク商品は、買った金額と売った金額の差額で利益を出すものです。ですから、買うタイミング（入口）と売るタイミング（出口）がとても重要になります。

積立投資の場合は、少額をずっと買い続けているのですから、買うタイミングを考える必要はありません（買い替えを行う場合は別です）。

しかし、最後の出口のタイミングを考えることはとても重要です。

下落しているときに売ることだけは避けなければなりません。

確定拠出年金の受け取りは60歳からですが、希望すれば受取りを開始するまで10年間の猶予期間を使うことができます。60歳から掛金の拠出はできなくなりますが、69歳まで運用指図者として運用のみをしていくことができるのです。

60歳になったときにたまたま世界同時不況が起こって株価が大幅に下がっていたとして

受取時期は自分で選べる

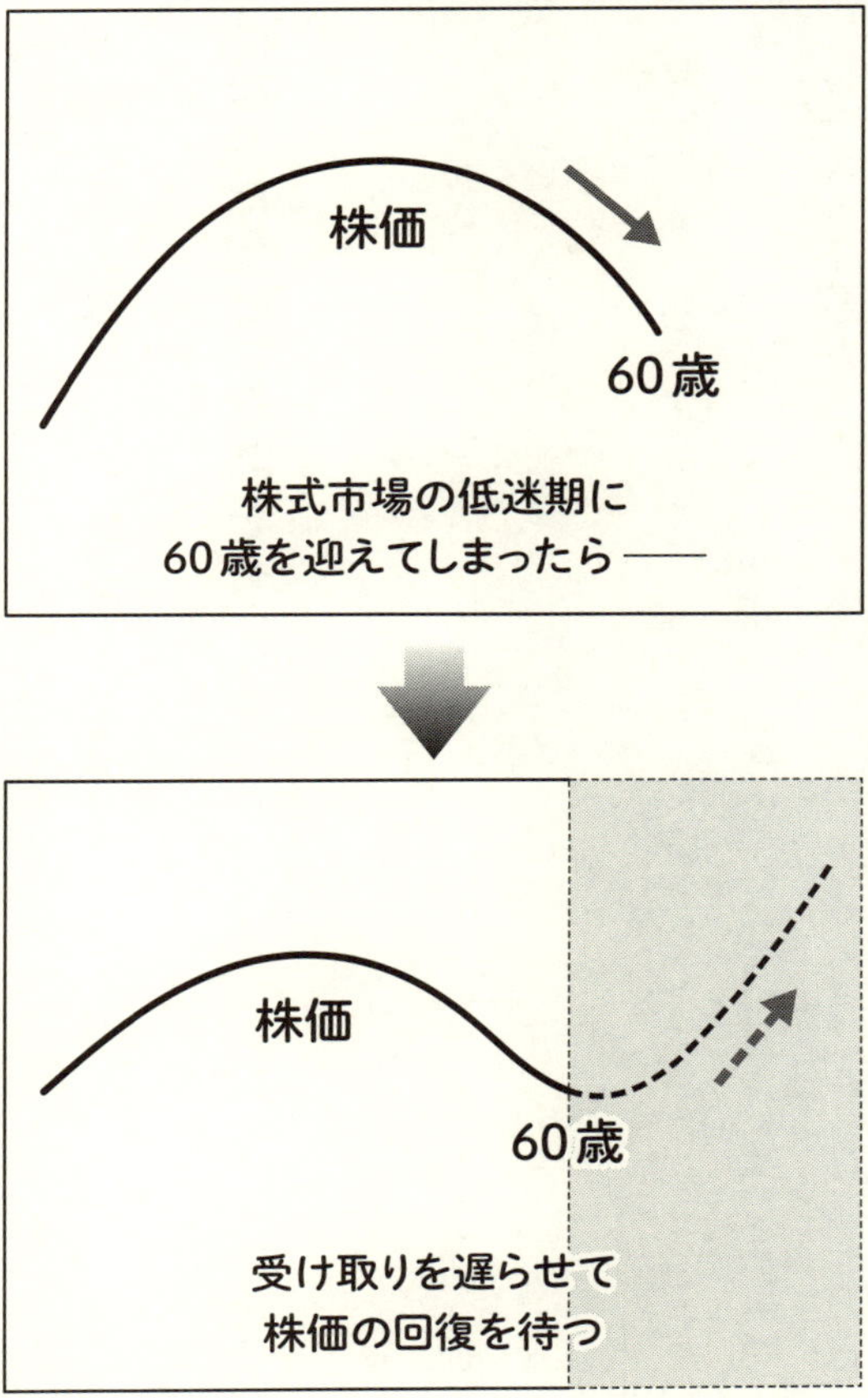
株価
60歳
株式市場の低迷期に
60歳を迎えてしまったら――
株価
60歳
受け取りを遅らせて
株価の回復を待つ

も、回復するまで待っていることができます。

先に述べた通り、世界の株価はどんなに暴落しても数年で回復するので、それまで待つことができれば確実に大きな運用益が得られます。

50代になったら出口戦略を考えよう

とはいえ、できるだけ60歳になったときに受取りたいという方も多いでしょう。60歳で定年退職し、65歳で公的年金が支給されるまで空白の5年間があるため、その期間の生活費にあてたいという人もいるかもしれません。

60歳になってたまたま株価が暴落し、解約すると損をしてしまうリスクを小さくするために、60歳になる前に株式の投資信託から、債券の投資信託または株式と債券をミックスしたバランスファンドに買い替えておくという方法があります。

前述しましたが、株と債券は通常は逆の動きをします。株価がどんどん下がると投資家は株から手を引いて債券に投資して様子を見るため、債券の買いが集中し、債券の価格が上がる傾向にあるからです。

第5章で述べた通り、確定拠出年金を運用して大きな老後資産をつくりたい場合、利回り7％で運用するには株式の投資信託を買うのが近道です。

それも、運用期間が長ければ長いほど複利の効果を得られるので、できれば株式の投資信託の運用期間を長くとった方がいいでしょう。

しかし60歳が近くなってきたとき、景気のいい波がきて株式の投資信託が高値になっていると感じたり、世界の情勢不安で暴落の危険がささやかれているなどの場合には、先手を打つ出口戦略として、債券型の投資信託に切り替えるのがいいでしょう。

特に、評価額が最高値を更新したあとで横ばいに推移しているようなときは、いいチャンスだと考えられます。そこからさらに上がる可能性もないわけではありませんが、その後暴落する可能性もあるからです。

また、50代になってからそこそこ景気のいいときに、株式と債券をミックスしたバランスファンドに買い替えておくこともおおすすめします。

債券ファンドだけでは資産はあまり増えませんが、株と債券が半々ぐらいのバランスファンドであれば、およそ4％くらいの利回りが期待できます。

60歳で利益を確定させて確実にお金を受取りたい場合、50代になったら世界情勢の動きや自分の持っている投資信託の価格の変動を見て、出口戦略を考えるようにしましょう。

確定拠出年金の三つの給付方法

確定拠出年金の受取り方には、次の3種類があります。

◉老齢給付金――老齢を事由に受け取れる年金または一時金

◉障害給付金――加入者が要件に該当する高度障害になった場合に受け取れる

◉死亡一時金――加入者が亡くなった場合、遺族に支給される

確定拠出年金で積み立てたお金は原則的に60歳前に受取れませんが、加入者が特定の障害を持ってしまった場合、万が一死亡してしまった場合には、60歳に満たなくても給付を受けることができます。

特定の障害を持ってしまった場合に受取る給付金を、「障害給付金」といいます。これは、一時金として全額を一度に受取るか、年金方式で受取るかを選ぶことができます。

本人が死亡してしまった場合に遺族が受取る給付金を、「死亡一時金」といいます。この場合は年金方式での給付はなく、一時金として全額を受取ることになります。

60歳になる前に障害を持ってしまったり、亡くなってしまう……。このようなことを若いうちに自分で想像する人は少ないかもしれません。

しかし実際には、60歳を迎えるまでのことであれば決してレアケースではなく、十分に

ありうることなのです。
もしものことがあった場合について、詳しく確認しておきましょう。

障害給付金の受給

障害給付金の給付を受けるには、自分で請求の手続きをとらなければなりません。その点をまずおさえておきましょう。自分が次の各項目に該当するような高度障害を持った場合、給付を受取ることができます。

（1）障害基礎年金の受給者（1級および2級）
（2）身体障害者手帳1級～3級の交付を受けた者
（3）療育手帳（重度）の交付を受けた者
（4）精神保健福祉手帳1級および2級の交付を受けた者

60歳になっていなくても、それらの認定を受けた時点で個人型確定拠出年金の拠出をストップし、金融資産を売却して、一時金または年金方式で給付を受けることができます。
また、一部を一時金で受取って残りを年金で受給することも可能です。

障害給付金の受取りは全額非課税になり、老齢給付金より優遇されます。ただし、新たな拠出はできなくなり、運用指図者になります。

高度障害を持ってしまうというのは大変なことですから、その後のライフプランを立てて、よりよい方法を選ぶ必要があります。

死亡一時金の受給

自分にもしものことがあった場合には、それまで運用していたお金は遺族に死亡一時金として支払われます。受取人の優先順位は次ページの表の通りです。ただし、加入者本人が配偶者、子、父母、孫、祖父母、兄弟姉妹のなかから死亡一時金の受取りを指定していた場合は、そちらが優先されます。

死亡一時金の「遺族」の範囲と優先順位

優先順位	遺族の範囲
①	配偶者（加入者などが死んだ時点で事実上婚姻関係にあった人を含む）
②	子、父母、孫、祖父母および兄弟姉妹で、死亡当時、主として加入者の収入によって生活していた人
③	（2）のほか、加入者の死亡時点で主としてその収入で生活していた親族
④	子、父母、孫、祖父母および兄弟姉妹で、（2）に該当しない人

一時金の給付を受けるには、遺族が請求の手続きをとる必要があります。

加入者が死亡したあとの5年間、何の請求も行われなかった場合には、「死亡一時金を受取る遺族がない」ものと見なされてしまいます。

もしものときはいつくるかわかりません。自分が死亡した場合に遺族となる人に、確定拠出年金をしていること、請求すれば遺族は一時金としてその資産を受取る資格があることをしっかり伝えておきましょう。

また、死亡後3年以内に給付が確定した場合は、相続税の対象になります。

老齢給付金の受給

「老齢給付金」は、障害給付金、死亡一時金に当てはまらない、一般的な給付金のことを指します。10年以上の加入期間がある人の場合は60歳から受取を開始でき、遅くとも70歳までの間で好きな開始時期を選ぶことができます。

60歳を過ぎても金融資産を売却せずに保有する（給付を遅らせる）場合、確定拠出年金の拠出ができなくなり、運用のみを行える運用指図者になります。

確定拠出年金の請求期限は、70歳を迎える誕生日の2日前までとなります。70歳時点で請求を行っていない場合、保有商品はその時点の価格で一括売却され、一時金として受取ることになるので、年金受取を希望する場合は手続きを忘れないように注意しましょう。

通算加入者等期間が10年に満たない場合

通算加入者等期間が10年に満たない場合には、加入期間（年齢）に応じて受取開始が可能な年齢が段階的に引き上げられます。

◉加入期間8年以上10年未満──➡61歳から
◉加入期間6年以上8年未満──➡62歳から
◉加入期間4年以上6年未満──➡63歳から
◉加入期間2年以上4年未満──➡64歳から
◉加入期間1カ月以上2年未満──➡65歳から

この場合の加入期間は、ポータビリティがあります。企業型確定拠出年金から個人型確定拠出年金へ引き継げることはもちろん、確定給付型企業年金などの加入期間を通算することもできます。

たとえば、転職して確定拠出型年金を2年だけしか納めていなくても、確定給付型企業年金の加入期間が8年以上あり、そこでの資産を確定拠出型年金に移管した場合、10年以上の加入期間があると見なされます。

第8章

まだまだ知りたい確定拠出年金の「Q&A」

Q：申し込んでから運用開始まで、どれくらい時間がかかるの？

個人型確定拠出年金の運用を開始するまで、以下のステップをたどる必要があります。

①金融機関の選定
②選定先の金融機関への資料請求
③勤め先から必要書類をもらう（会社員の方の場合）
④申し込み

この通りに進めていき申込書を提出したら、約1～2カ月で口座が開設されます。口座からの引落しは口座開設月の翌月26日から（金融機関が休みの場合は翌営業日）なので、実際は、運用開始まで2～3カ月程度かかることになります。

なお、会社員の方が申し込みをするにあたっては、「企業年金等の加入者でないことについての事業主の証明書」を勤め先に記入してもらう必要があります。勤め先の担当者に問い合わせてください。

Q：掛金はいくらから始められるの？

掛金の額は5000円以上で、それぞれの上限額まで1000円単位で任意に設定できます。

Q：掛金はどうやって支払うの？

掛金は口座振替によって拠出することになります。毎月26日に口座から引落とされ、前納や追納という制度はありません。口座振替日に掛金を納付できない場合、未納扱いになってしまいます。

そのため、特に自営業の方で収入に変動がある方は、毎月26日の口座引落日に掛金分が振替口座に入っているかを確認するようにしましょう。

また、会社員の方で転職等により給与支給日が変更になった場合も、毎月の引落し日には掛金分の残高を残すように注意が必要です。

Q：運用状況はどうやって確認するの？

加入者コード（ＩＤ）とパスワードがあれば、インターネットやお電話で直近の残高や評価損益などの必要な情報を確認できます。

加入者コード（ＩＤ）、パスワードは加入後に書面で郵送もしくは会社の確定拠出年金の担当者から渡されることがほとんどのようです。

Q：掛金を変更できる？

個人型の場合、掛金の金額変更は年1回（4月から翌年3月までの間）行うことができます。掛金額を変更したい場合は、「加入者掛金額変更届」を受付金融機関に提出する必要があります。

第2号加入者（会社員の方）で掛金を給与天引きしている場合には、事業主（年金担当部署）にも連絡してください。

「加入者掛金額変更届」を含む、各種手続きの用紙は、国民年金基金連合会の個人型確定拠出年金のサイトからダウンロードできます(※)。

なお、連合会や引落金融機関の手続き上、引落口座の変更には2カ月程度かかることがあり、手続きが終了するまでは従来の引落口座から掛金が引落とされます。

Q：休止することはできる？

●個人型確定拠出年金の場合

掛金の拠出を停止する場合、「加入者資格喪失届」を受付金融機関に提出します。拠出は停止しますが、これまで拠出した分は運用が継続されます。拠出を再開する場合には、あらためて加入申出の手続きが必要です。

●企業型確定拠出年金の場合

個人で拠出している部分に関しては休止することができます。その際にはお勤めの会社

(※)http://www.npfa.or.jp/401K/style/

の担当部署に確認してみてください。
原則、すでに積み立てた拠出金を途中で引き出すことはできませんが、確定拠出年金の通算拠出期間が3年以下など一定の条件を満たす場合には、例外的に脱退一時金として今までの拠出金を引き出すことができます。

確定拠出年金に加入したものの、途中で掛金が支払えなくなり拠出を中止した場合でも、運用していたお金がすべてなくなってしまうわけではなく、引き続き運用を継続していくことは可能です。

さらに、拠出金は変更可能なので、支払いが苦しいときには減額することもできます。
国からの年金がアテにできない時代だからこそ、少額でもいいので確定拠出年金を使って、老後の準備をしておきましょう。

青春新書
INTELLIGENCE

こころ涌き立つ「知」の冒険

いまを生きる

〝青春新書〟は昭和三一年に——若い日に常にあなたの心の友として、その糧となり実になる多様な知恵が、生きる指標として勇気と力になり、すぐに役立つ——をモットーに創刊された。

そして昭和三八年、新しい時代の気運の中で、新書〝プレイブックス〟にその役目のバトンを渡した。「人生を自由自在に活動《プレイ》する」のキャッチコピーのもと——すべてのうっ積を吹きとばし、自由闊達な活動力を培養し、勇気と自信を生み出す最も楽しいシリーズ——となった。

いまや、私たちはバブル経済崩壊後の混沌とした価値観のただ中にいる。その価値観は常に未曾有の変貌を見せ、社会は少子高齢化し、地球規模の環境問題等は解決の兆しを見せない。私たちはあらゆる不安と懐疑に対峙している。

本シリーズ〝青春新書インテリジェンス〟はまさに、この時代の欲求によってプレイブックスから分化・刊行された。それは即ち、「心の中に自らの青春の輝きを失わない旺盛な知力、活力への欲求」に他ならない。応えるべきキャッチコピーは「こころ涌き立つ〝知〟の冒険」である。

予測のつかない時代にあって、一人ひとりの足元を照らし出すシリーズでありたいと願う。青春出版社は本年創業五〇周年を迎えた。これはひとえに長年に亘る多くの読者の熱いご支持の賜物である。社員一同深く感謝し、より一層世の中に希望と勇気の明るい光を放つ書籍を出版すべく、鋭意志すものである。

平成一七年

刊行者　小澤源太郎

著者紹介

中桐啓貴〈なかぎり ひろき〉

1973年神戸市生まれ。山一證券、メリルリンチ日本証券にて個人富裕層への資産運用コンサルタントに従事。米国に留学しNBAを取得。2006年にFP法人ガイアを設立。金融機関に属さない独立系ファイナンシャルアドバイザー（IFA）の先駆けとしてメディアからも注目を受ける。同社の相談実績は約6000人。

最短《さいたん》で老後《ろうご》資金《しきん》をつくる
確定拠出年金《かくていきょしゅつねんきん》こうすればいい

青春新書
INTELLIGENCE

2016年12月15日　第1刷

著者　中《なか》桐《ぎり》啓《ひろ》貴《き》

発行者　小澤源太郎

責任編集　株式会社プライム涌光
電話　編集部　03(3203)2850

発行所　東京都新宿区若松町12番1号　〒162-0056　株式会社青春出版社
電話　営業部　03(3207)1916　振替番号　00190-7-98602

印刷・中央精版印刷　製本・ナショナル製本

ISBN978-4-413-04502-5